Kohlhammer

Seminar-, Bachelor- und Masterarbeiten sowie Dissertationen in den Rechtswissenschaften

von

Prof. Dr. Eleonora Kohler-Gehrig
em. Professorin an der
Hochschule für öffentliche Verwaltung
und Finanzen Ludwigsburg

3. Auflage

Verlag W. Kohlhammer

3. Auflage 2023

Alle Rechte vorbehalten
W. Kohlhammer GmbH, Stuttgart
Gesamtherstellung: W. Kohlhammer GmbH, Stuttgart

Print:
ISBN 978-3-17-042889-8

E-Book-Formate:
pdf: ISBN 978-3-17-042890-4
epub: ISBN 978-3-17-042891-1

Vorwort

Das vorliegende Werk will den Studierenden eine Arbeitshilfe bei der Erstellung einer wissenschaftlichen Arbeit geben.
So vielfältig wie die verschiedenen Wissenschaften selbst und ihre Methoden, so vielfältig sind die Arten und Formen des wissenschaftlichen Arbeitens. In der Darstellung und Gestaltung wissenschaftlicher Arbeiten tun sich zwischen den verschiedenen Fachgebieten und selbst innerhalb dieser große Unterschiede auf.

Dieses Lehrbuch beschränkt sich auf allgemeingültige formale Darstellungen wissenschaftlicher Arbeiten und die Besonderheiten von Abhandlungen mit rechtswissenschaftlichen Fragestellungen. Das Buch liefert Anregungen zum wissenschaftlichen Arbeiten im Recht, der Methodik der Rechtsfindung. Es wird dabei besonders auf die Erarbeitung und Darstellung juristischer Problemstellungen eingegangen.

Das Buch sollte von den Studierenden schon vor Beginn der Erstellung ihrer wissenschaftlichen Arbeit, ob nun Seminararbeit, Bachelor- und Masterthesis oder Doktorarbeit zur Hand genommen werden. Es beinhaltet Hinweise zur Themenwahl und zur Literatursuche. Eine erste Literaturrecherche ist erforderlich, um die Anforderungen und Breite eines Themas abschätzen zu können.

Die Literatursuche erfolgt in Bibliotheken und elektronischen Datenbanken, die in den Rechtswissenschaften mit der ständigen Flut an Gesetzesnovellierungen, Entscheidungen der Rechtsprechung und Fachbeiträgen immer mehr an Bedeutung gewinnen. Es ist arbeits- und zeitintensiv aus dieser Masse an Literatur die für die eigene Arbeit relevanten Informationen herauszufiltern. Eine effiziente und zielstrebige Literatursuche erfordert Einarbeitung und Erfahrung bei der Arbeit in Bibliotheken und dem Umgang mit elektronischen Informationssystemen.
Schon bei der Literatursuche und -auswertung müssen die Angaben festgehalten werden, die später für Zitate und Literaturverzeichnis benötigt werden. Ansonsten besteht die Gefahr, diese Angaben nachträglich erheben zu müssen, wenn die Werke in der Bibliothek nicht kurzfristig erreichbar sind oder gerade kein Zugang zur elektronischen Datenbank besteht. Gerade in der Schlussphase der Arbeit läuft dann die Zeit davon.

Das Buch sollte nicht nur vor Beginn der Ausarbeitung, sondern auch während der gesamten Erarbeitung und Bearbeitung der wissenschaftlichen Arbeit diese begleiten und ständig zur Hand sein. Es beschreibt Schritt für Schritt die einzelnen Teile, die das Manuskript umfassen muss und deren Gestaltung. Das Buch schließt mit der Präsentation der Thesis vor einem sachkundigen Gremium. Deshalb wurde eine knappe Darstellung gewählt, die sich auf die essentiellen

Vorwort

Elemente einer wissenschaftlichen Arbeit beschränkt, wie sie bei jeder solchen Arbeit zu beachten sind. Selten auftretende Gestaltungsfragen blieben unberücksichtigt, zumal nie alle solche Fragen erfasst werden können. Dies hätte den Rahmen eines handlichen Begleitwerkes gesprengt.

Zahlreiche Kolleginnen und Kollegen haben mir mit Anregungen bei der Erarbeitung dieses Werkes zur Seite gestanden. Ihnen möchte ich herzlich danken.

Eislingen, im Oktober 2022   Eleonora Kohler-Gehrig

Inhaltsverzeichnis

Inhaltsverzeichnis

Abkürzungsverzeichnis

a. A.	andere Ansicht
a. a. O.	am angegebenen Ort
AG	Amtsgericht
Anm.	Anmerkung
AP	Arbeitsrechtliche Praxis
BA	Bundesanzeiger
BAGE	amtliche Entscheidungssammlung des Bundesarbeitsgerichts
Bd.	Band
Bde.	Bände
BFH	Bundesfinanzgericht
BFHE	amtliche Entscheidungssammlung des Bundesfinanzhofs
BGB	Bürgerliches Gesetzbuch
BGH	Bundesgerichtshof
BGHZ	amtliche Entscheidungssammlung des Bundesgerichtshofs
BImSchG	Bundesimmissionsschutzgesetz
BR	Bundesrat
BSG	Bundessozialgericht
BSGE	amtliche Entscheidungssammlung des Bundessozialgerichts
BStBl.	Bundessteuerblatt
BR-Drs.	Bundesratsdrucksache
BT-Drs.	Bundestagsdrucksache
BPatG	Bundespatentgericht
BPatGE	amtliche Entscheidungssammlung des Bundespatentgerichts
BVerwG	Bundesverwaltungsgericht
BVerwGE	amtliche Entscheidungssammlung des Bundesverwaltungsgerichts
BVerfG	Bundesverfassungsgericht
BVerfGE	amtliche Entscheidungssammlung des Bundesverfassungsgerichts
ders.	derselbe
DIP	Dokumentations- und Informationssystem für Parlamentsmaterialien
Diss.	Dissertation
DÖV	Die öffentliche Verwaltung, Zeitschrift für öffentliches Recht und Verwaltungswissenschaften
ECLI	European Case Law Identifier
et al.	et alii; und andere
EZB	Elektronische Zeitschriftenbibliothek
EMRK	Europäische Menschenrechtskonvention
EU	Europäische Union
EuGH	Europäischer Gerichtshof
f.	folgende
ff.	fortfolgende
GG	Grundgesetz

Abkürzungsverzeichnis

GBV	Gemeinsamer Bibliotheksverbund der Länder Bremen, Hamburg, Mecklenburg-Vorpommern, Niedersachsen, Sachsen-Anhalt, Schleswig-Holstein, Thüringen und der Stiftung Preußischer Kulturbesitz
GemO	Gemeindeordnung
GMBl	Gemeinsames Ministerialblatt
HBZ	Hochschulbibliotheksverbund Nordrhein-Westfalen und Rheinland-Pfalz
Hrsg.	Herausgeber
i. e. S.	im engeren Sinne
i. w. S.	im weiteren Sinne
KJB	Karlsruher Juristische Bibliographie
KVK	Karlsruher Virtueller Katalog
Lfg.	Lieferung
LG	Landgericht
LM	Lindenmaier/Möhring: Nachschlagewerk des Bundesgerichtshofs
MDR	Monatsschrift für Deutsches Recht, Zeitschrift
MK	Münchener Kommentar
m. w. N.	mit weiteren Nachweisen
NJW	Neue Juristische Wochenschrift, Zeitschrift
N. N.	nomen nominandum
NStZ	Neue Zeitschrift für Strafrecht
o. J.	ohne Jahr
OLC Recht	Online Contents Recht
OLG	Oberlandesgericht
OLGZ	amtliche Entscheidungssammlung der Oberlandesgerichte
o. N.	ohne Namen
o. O.	ohne Ort
OPAC	Online Public Access Catalogue
o. V.	ohne Verfasser
OVG	Oberverwaltungsgericht
PresseG	Pressegesetz
RGZ	amtliche Entscheidungssammlung des Reichsgerichts
RS	Rechtssache
RSS	Rich Site Summary
S.	Seite
SGB IX	Sozialgesetzbuch 9. Buch – Rehabilitation und Teilhabe von Menschen mit Behinderungen
Slg.	Sammlung
StGB	Strafgesetzbuch
SWB	Südwestdeutscher Bibliotheksverbund
UrhG	Urhebergesetz
URL	Uniform Resource Locater

VBlBW	Verwaltungsblätter Baden-Württemberg, Zeitschrift
VersG	Versammlungsgesetz
VG	Verwaltungsgericht
VGH	Verwaltungsgerichtshof
VwGO	Verwaltungsgerichtsordnung
VwVfG	Verwaltungsverfahrensgesetz
vgl.	vergleiche
www	world wide web
ZDB	Zeitschriftendatenbank
ZPO	Zivilprozessordnung
ZID	Zeitschrifteninhaltsdienst
zit.	zitiert

Literaturverzeichnis

Bänsch, Axel/Alewell, Dorothea, Wissenschaftliches Arbeiten. Seminar- und Diplomarbeiten, 12. A., München 2020

Brand, Jürgen/Strempel, Dieter (Hrsg.), Soziologie des Rechts: Festschrift für Erhard Blankenburg, Baden-Baden 1998

Brandt, Edmund, Rationeller schreiben lernen. Hilfestellung zur Anfertigung rechtswissenschaftlicher (Abschluss-)Arbeiten, 5. A., Baden-Baden 2016

Brink, Alfred, Anfertigung wissenschaftlicher Arbeiten: Ein prozessorientierter Leitfaden zur Erstellung von Bachelor-, Master und Diplomarbeiten, 4. A., Wiesbaden 2013

Brühl, Raimund, Die juristische Fallbearbeitung in Klausur, Hausarbeit und Vortrag, 3. A., Köln 1992

Byrd, B. Sharon/Lehmann, Matthias, Zitierfiebel für Juristen, 2. A., München 2016

Diekmann, Andreas, Empirische Sozialforschung: Grundlagen, Methoden, Anwendung, 12. A., Hamburg 2018

Dornis, Tim W./Keßenich, Florian/Lemke, Dominik, Rechtswissenschaftliches Arbeiten: Ein Leitfaden für Form, Methode und Inhalt zivilrechtlicher Studienarbeiten, Tübingen 2019

Ebster, Claus/Stalzer, Lieselotte, Wissenschaftliches Arbeiten für Wirtschafts- und Sozialwissenschaftler, 5. A., Wien 2017

Eco, Umberto, Wie man eine wissenschaftliche Abschlussarbeit schreibt, 14. A., Wien 2020

EH, Doris/Schütte, Simone, Literatur finden, in: Franck, Norbert/Stary, Joachim (Hrsg.), Die Technik wissenschaftlichen Arbeitens, 17. A., Paderborn 2013, S. 33 ff.

Engel, Stefan/Slapnicar, Klaus Wilhelm (Hrsg.), Die Diplomarbeit, 3. A., Stuttgart 2003

Esselborn-Krumbiegel, Helga, Richtig wissenschaftlich schreiben. Wissenschaftssprache in Regeln und Übungen, 7. A., Paderborn 2022

Folz, Kristina/Brauner, Jürgen, Studi-SOS Bachelor- und Masterarbeit. Erste Hilfe fürs wissenschaftliche Arbeiten, 2. A., Sternenfels 2017

Fragnière, Jean-Pierre, Wie schreibt man eine Diplomarbeit?, 6. A., Bern 2003

Franck, Norbert, Lust statt Last: Wissenschaftliche Texte schreiben, in: Franck, Norbert/Stary, Joachim (Hrsg.), Die Technik wissenschaftlichen Arbeitens, 17. A., Paderborn 2013, S. 111 ff.

Franck, Norbert/Stary, Joachim (Hrsg.), Die Technik wissenschaftlichen Arbeitens, 17. A., Paderborn 2013

Franke, Fabian/Kempe, Hannah/Klein, Annette/Rumpf, Louise/Schüller-Zwierlein, André, Schlüsselkompetenz: Literatur recherchieren in Bibliotheken und Internet, 2. A., Stuttgart 2014

Gleitsmann, Beate/Suthaus, Christiane, Wissenschaftliches Arbeiten im Wirtschaftsstudium. Ein Leitfaden zum Einstieg, 2. A., Stuttgart 2021

Gerstmann, Meike, Wissenschaftliches Arbeiten, Stuttgart 2021

Gußen, Lars, Wissenschaftliches Arbeiten im Jurastudium: eine Einführung in die juristische Arbeitstechnik, Paderborn 2020

Heesen, Bernd, Wissenschaftliches Arbeiten. Methodenwissen für Wirtschafts-, Ingenieur- und Sozialwissenschaften, 4. A., Berlin 2021

Heinz, Wolfgang (Hrsg.), Rechtstatsachenforschung heute. Konstanzer Schriften zur Rechtstatsachenforschung, Bd. 1, 2. A., Konstanz 1998

Hoffmann, Monika, Deutsch fürs Jurastudium, 3. A., Paderborn 2020

Jopen, Christoph, (Hrsg.), Der besondere Kündigungsschutz für Schwerbehinderte. Konstanzer Schriften zur Rechtstatsachenforschung, Bd. 5, 2. A., Konstanz 1998

Karmasin, Matthias/Ribing, Rainer, Die Gestaltung wissenschaftlicher Arbeiten. Ein Leitfaden für Facharbeit/VWA, Seminararbeiten, Bachelor-, Master-, Magister- und Diplomarbeiten sowie Dissertationen, 10. A., Wien 2019

Literaturverzeichnis

Kleinhenz, Holger/Deiters, Gerhard, Klausuren, Hausarbeiten, Seminararbeiten, Dissertationen richtig schreiben und gestalten, Frankfurt 2005

Klippel, Diethelm, Die rechtswissenschaftliche Dissertation. Eine Anleitung, Stuttgart 2020

Kohler-Gehrig, Eleonora, Einführung in das Recht. Technik und Methoden der Rechtsfindung, 2. A., Stuttgart 2017

Kornmeier, Martin, Wissenschaftlich schreiben leicht gemacht: Für Bachelor, Master und Dissertation, 9. A., Bern 2021

Krämer, Walter, Wie schreibe ich eine Seminar- oder Examensarbeit?, 3. A., Frankfurt 2009

Kropp, Waldemar, Studienarbeiten interaktiv. Erfolgreich wissenschaftlich denken, schreiben, präsentieren, 2. A., Berlin 2010

Larenz, Karl/Canaris, Claus-Wilhelm, Methodenlehre der Rechtswissenschaft, 3. A., Berlin 1995

Lehmann, Günter, Wissenschaftliche Arbeiten, zielwirksam verfassen und präsentieren, Ergebnisse publizieren und umsetzen, 7. A., Tübingen 2019

Manschwetus, Uwe, Ratgeber wissenschaftliches Arbeiten, 2. A., Lüneburg 2020

Mix, Christine, Schreiben im Jurastudium: Klausur – Hausarbeit – Themenarbeit, Paderborn 2011

Möllers, Thomas M. J., Juristische Arbeitstechnik und wissenschaftliches Arbeiten: Klausur, Hausarbeit, Seminararbeit, Studienarbeit, Staatsexamen, Dissertation, 10. A., München 2021

Pflüger, Almut, Rechtstatsachenforschung in der Praxis, in: Brand, Jürgen/Strempel, Dieter (Hrsg.): Soziologie des Rechts: Festschrift für Erhard Blankenburg, Baden-Baden 1998, S. 563 ff.

Preißner, Andreas, Wissenschaftliches Arbeiten: Internet nutzen – Text erstellen – Überblick behalten, 3. A., München 2012

Prexl, Lydia, Mit digitalen Quellen arbeiten: Richtig zitieren aus Datenbanken, E-Books, YouTube und Co, 3. A., Paderborn 2019

Putzke, Holm, Juristische Arbeiten erfolgreich schreiben: Klausuren – Hausarbeiten – Seminare – Bachelor- und Masterarbeiten, 7. A., München 2021

Raiser, Thomas, Grundlagen der Rechtssoziologie, 6. A., Tübingen 2013

Reimer, Franz, Juristische Methodenlehre, 2. A., Baden-Baden 2020

Rossig, Wolfram, Wissenschaftliche Arbeiten. Leitfaden für Haus- und Seminararbeiten, Bachelor- und Masterthesis, Diplom- und Magisterarbeiten, Dissertationen, 9. A., Berlin 2011

Rost, Friedrich/Stary, Joachim, Schriftliche Arbeiten „in Form" bringen. Zitieren, belegen, Literaturverzeichnis anbringen, in: Franck, Norbert/Stary, Joachim (Hrsg.), Die Technik wissenschaftlichen Arbeitens, 17. A., Paderborn 2013, S. 174 ff.

Sacco, Rodolfo/Rossi, Piercarlo, Einführung in die Rechtsvergleichung, 3. A., Baden-Baden 2017

Schenk, Hans-Otto, Die Examensarbeit. Ein Leitfaden für Wirtschafts- und Sozialwissenschaftler, Göttingen 2005

Schimmel, Roland, Juristendeutsch? Ein Buch voll praktischer Übungen für bessere Texte, 2. A., Paderborn 2020

Schlichte, Klaus/Sievers, Julia, Einführung in die Arbeitstechniken der Politikwissenschaft, 3. A., Wiesbaden 2015

Slapnicar, Klaus Wilhelm, Formalien in einer rechtswissenschaftlichen Diplomarbeit, in: Engel, Stefan/Slapnicar, Klaus Wilhelm (Hrsg.), Die Diplomarbeit, 3. A., Stuttgart 2003, S. 152 ff.

Tettinger, Peter J./Mann, Thomas, Einführung in die juristische Arbeitstechnik. Klausuren – Haus- und Seminararbeit – Dissertationen, 4. A., München 2009

Theisen, Manuel R., Wissenschaftliches Arbeiten, 18. A., München 2021

Tiedemann, Paul, Internet für Juristen, Darmstadt 1999

Vogel, Ivo, Erfolgreich recherchieren – Jura, 3. A., Berlin 2020

Voss, Rödiger, Wissenschaftliches Arbeiten … leicht verständlich. Mit zahlreichen Abbildungen und Übersichten, 6. A., München 2019

Wank, Rolf, Juristische Methodenlehre: Eine Anleitung für Wissenschaft und Praxis, München 2020

Wördenweber, Martin, Leitfaden für wissenschaftliche Arbeiten. Praktikums-, Seminar-, Bachelor- und Masterarbeiten sowie Dissertationen, 2. A., Berlin 2019

Zippelius, Reinhold, Juristische Methodenlehre, 12. A., München 2021

1. Die Aufgabe einer wissenschaftlichen Arbeit

Seminararbeiten, Bachelor- und Masterthesis sowie Doktorarbeiten zählen zu den schriftlichen Prüfungsarbeiten. Sie geben Auskunft über die Fähigkeit zu wissenschaftlichem Arbeiten und wissenschaftlicher Darstellung. Als zeitlich befristete Arbeiten dienen sie dem Nachweis der Fähigkeit zu planerisch gezielter Arbeitsorganisation. Eine gezielte Planung spiegelt sich in der Ausgewogenheit und der Sorgfalt der Darstellung wider.

Geht es in einer Klausur darum, erworbenes Wissen innerhalb kurzer Zeit abzurufen und anhand eines konkreten Falles wiederzugeben, ist in einer wissenschaftlichen Arbeit die gründliche Erfassung einzelner, bis dahin oftmals unbekannter Probleme und die umfassende Darstellung derselben gefragt. Statt der Arbeit mit erlerntem Wissen geht es um die Recherche von Fakten und Meinungen zu einem bestimmten Thema. Es dürfen und müssen fremde Ansichten und Veröffentlichungen zu diesem Thema herangezogen werden. Es ist die Fähigkeit im Umgang mit den themenspezifischen Hilfsmitteln unter Beweis zu stellen und nachzuweisen, dass damit sinnvoll und zielgerichtet umgegangen werden kann. Wissenschaftliche Arbeiten sollen produktiv und schöpferisch sein, während eine Klausur weithin reproduzierend ist.

Seminararbeiten befassen sich mit der Untersuchung spezieller Fragestellungen aus einem eng umgrenzten Themengebiet. Die Studierenden haben die aktuelle Literatur zu dem Fragenkreis aufzufinden und auszuwerten. Die Arbeit muss nach Form, Aufbau und Gestaltung den Kriterien einer wissenschaftlichen Arbeit entsprechen. Seminararbeiten vermitteln erste Erfahrungen für weiteres wissenschaftliches Arbeiten. Eigene wissenschaftliche Erkenntnisse werden nicht erwartet. Erwartet wird jedoch, dass die Studierenden die Methoden des wissenschaftlichen Arbeitens in ihrem Fachgebiet beherrschen, diese systematisch anwenden und strukturiert wiedergeben können, sie die gewonnenen Ergebnisse verständlich und nachvollziehbar gestalten und in eine angemessene äußere Form bringen können.

Die Doktorarbeit, sowie die Bachelor- und Masterthesis sind als schriftliche Prüfungsarbeiten Bestandteil einer Abschlussprüfung. Die Note der wissenschaftlichen Arbeit fließt in die Endnote ein. Zu den Abschlussarbeiten zählt auch die Abschlusshausarbeit, eine Seminararbeit im Rahmen der juristischen Staatsprüfung. Abschlussarbeiten erfüllen als Prüfungsleistung verschiedene Funktionen: Sie dienen in erster Linie dem Nachweis der Fähigkeit zu selbstständigem wissenschaftlichen Arbeiten. Die Problematik ist klar, logisch und objektiv zu durchdenken. Bei der Erarbeitung genießen die Studierenden in zeitlicher und inhaltlicher Hinsicht viele Freiheiten. Sie tragen gleichzeitig das Risiko des Gelingens.[1]

Nach den Bestimmungen der Prüfungsordnung ist ein bestimmtes vorgegebenes oder selbst gewähltes Thema zu bearbeiten. Unter Auswertung und Verwertung der themenspezifischen Literatur sind die Problematik und der Meinungsstand

---

1 Fragnière (2003) S. 9.

in verständlicher und übersichtlicher Weise darzustellen. Die wissenschaftlichen Arbeiten setzen systematisches Erarbeiten und strukturiertes Aufbereiten voraus. Neben dem Erarbeiten und Aufbereiten der vorgefundenen themenspezifischen Literatur sind eigene Wertungen und Stellungnahmen zur Problematik und dem Meinungsstreit in Literatur und Rechtsprechung gefragt.

Wissenschaftliche Arbeiten schreiten von der Ist-Analyse des gewählten Themenschwerpunktes zur Bestandsaufnahme der hierzu vorhandenen Rechtsquellen und Meinungen und schließlich zum Lösungsvorschlag voran. Es sind die in der jeweiligen wissenschaftlichen Fachdisziplin üblichen Techniken und Methoden des wissenschaftlichen Arbeitens und der Darstellung zu berücksichtigen. Die Arbeit gibt Auskunft darüber, ob diese Techniken und Methoden nicht nur gelernt, sondern verstanden wurden und angewandt werden können.

Daneben ist der Frage praxisgerechter, umfassender und zukunftsgerechter Lösungen nachzugehen. Hierzu ist es erforderlich, die Folgen einer analysierten Situation oder einer entwickelten Lösung zu prognostizieren.

Die Arbeit hat sich nicht auf die bloße Wiedergabe vorgefundener Meinungen und Stellungnahmen zu beschränken, sondern erfordert eigene gedankliche Leistungen, kritisches Hinterfragen und kreative Lösungsansätze. Statt der Wiedergabe von Fakten und dem Nacherzählen fremder Ansichten ist die sinnvolle Aufbereitung vorgefundener Ansichten, die kritische Auseinandersetzung mit denselben, die Handhabung von Argumentationstechniken und die Entwicklung neuer Denkanstöße gefragt.

Beim Abfassen wissenschaftlicher Arbeiten sind die Vorgaben und Formvorschriften der Hochschule zu berücksichtigen. Diese können niemals umfassend alle Fragestellungen bedenken. Soweit hochschulinterne Vorgaben fehlen, sind die im jeweiligen wissenschaftlichen Bereich üblichen Darstellungsformen zugrunde zu legen. Das impliziert folgendes Vorgehen:

1. Erhebung der hochschulinternen Vorgaben und Formvorschriften, soweit diese fehlen
2. Anwendung der üblichen Gestaltung in der jeweiligen Fachdisziplin, soweit es keine oder mehrere Möglichkeiten gibt
3. Wahl der zweckmäßigsten und zielführendsten Möglichkeit.

Doktorarbeit, Bachelor- und Masterthesis werden mit anderen Unterlagen als Bewerbungsunterlagen vorgelegt. Damit kommt ihnen die Funktion einer Visitenkarte bei der Bewerbung zu. Selbst wenn die Thematik der Arbeit für die zukünftige Tätigkeit keinen Wissensvorsprung verschafft, gibt sie doch Auskunft über die Fähigkeit zu eigenständigem Arbeiten und sorgfältiger Gestaltung sowie die Beherrschung der Sprache als Schlüsselqualifikation. Inhalt, Sprache und Gestaltung vermitteln einen ersten Eindruck der Professionalität und des Engagements. Damit kommt diesen Arbeiten eine Signalwirkung zu.

Wer eine wissenschaftliche Arbeit in Zusammenarbeit mit einer Institution außerhalb der Hochschule erstellt, dem kann sich hieraus die Chance auf eine Einstellung eröffnen. Wird eine Stelle bei der Institution frei, bietet es sich an, diese mit einer Persönlichkeit zu besetzen, die Arbeitsstil, Kreativität und Motivation überzeugend unter Beweis gestellt hat.

2. Die Themenwahl

Bei Seminararbeiten sind die Themen zumeist vorgegeben oder aus einer Themenliste auszuwählen. Die Studierenden müssen hinterfragen, welche wissenschaftliche Fragestellung, welche Forschungsfrage hinter dem vorgegebenen Thema steht, was es zu erforschen, zu bearbeiten gibt. Hinter einem Thema können sich verschiedene Forschungsfragen verbergen. Ein Thema kann verschiedene Möglichkeiten einer wissenschaftlichen Erforschung, Vorgehensweise und Reichweite der Untersuchung bieten. Es ist möglichst mit dem Aufgabensteller abzuklären, welche Forschungsfrage dieser mit dem Thema verbindet. Weitergehende Freiheiten bei der Themenwahl tun sich bei Doktorarbeiten, Bachelor- und Masterthesis auf. Hier besteht vielfach die Möglichkeit, das Thema selbst zu bestimmen oder an der Umschreibung mitzuwirken. Die Studierenden sollten nach Möglichkeit das Thema selbst wählen oder zumindest auf die Formulierung des Titels Einfluss nehmen. Die Wahl des richtigen Themas ist die halbe Arbeit.
Knüpft ein Thema an Vorkenntnisse an, können die Studierenden zielgerichteter und zeitsparender vorgehen, als wenn sie sich die Grundlagen erst erarbeiten müssen, um das Thema, seine Reichweite und Problematik zu erfassen. Gleichwohl kann die Erarbeitung eines neuen Gebietes für manche ein Anreiz sein. Sie können beweisen, dass sie bereit sind, sich neuen Herausforderungen zu stellen und in der Lage sind, diese zu bewältigen.
Der Bezug zum angestrebten späteren Berufsfeld kann motivierend für die Themenwahl sein. In diesem Berufsfeld notwendige und spezifische Fach- und Methodenkenntnisse können erworben und vertieft werden und vermitteln einen Wissensvorsprung.
Ein interessantes Thema lässt sich ganz anders bearbeiten als ein nichts sagendes, fremdes Thema. Deshalb werden in den Sozialwissenschaften als wesentliche Aspekte für die Themenwahl das eigene Interesse und die gesellschaftliche Relevanz genannt.[2] Eine aktuelle, kontrovers diskutierte Fragestellung bietet einen besonderen Leistungsanreiz. Allerdings darf bei allem Interesse und Engagement nicht vergessen werden, dass das Thema in der zur Verfügung stehenden Zeit zu bewältigen sein muss, das zur Bearbeitung erforderliche Material erreichbar ist. Ein interessantes Thema ohne Kenntnis der Problemlage und des Stands der Diskussion kann seine Tücken haben. Im Laufe der Bearbeitung kann sich zeigen, dass bei der Themenwahl irrige Vorstellungen über den Gegenstand der Bearbeitung bestanden und die Bearbeitung eine ganz andere Richtung nimmt als ursprünglich gedacht oder es bedarf erheblicher Zeit zur Schaffung der Grundkenntnisse und der ersten Orientierung bevor mit der eigentlichen Bearbeitung begonnen werden kann. Deshalb sollten bei der Themenwahl
– Interesse an einem Thema und
– gewisse Vorkenntnisse zur Thematik
Hand in Hand gehen. Es ist am sichersten, wenn der Themenwahl bereits konkrete Vorstellungen, ein gewisses Konzept zugrunde liegt. Fehlt es an einschlägi-

---

2   Schlichte/Sievers (2015) S. 21.

gen Vorkenntnissen, ist eine Vorrecherche unabdingbar. Um bei der Themenwahl Fehleinschätzungen in Grenzen zu halten, sollte eine erste Literaturrecherche angestellt, der Gang der Untersuchung geplant und eine Arbeitsgliederung angefertigt werden. Trotzdem können sich bei der späteren Bearbeitung des Themas noch immer unerwartete Fragestellungen auftun.

Anregungen zur Themenwahl können aus Lehrveranstaltungen, Literaturstudien und Praxiskontakten gewonnen werden. Die Lektüre von Fachzeitschriften und Tagungsthemen geben Anhaltspunkte zu aktuellen Themenkomplexen. In Fachzeitungen behandelte Themen und Fragestellungen enthalten zumeist weitere Literaturhinweise, Pro- und Contra-Meinungen, die für die Vertiefung der Thematik Anhaltspunkte liefern. Diese liefern Hinweise, ob ein Thema schon umfassend untersucht wurde, Widersprüche und Lücken in der Untersuchung und Argumentation aufweist, die Folgen für Wissenschaft und Praxis geklärt sind. Aktuelle Themen mit der Möglichkeit zu wissenschaftlichen Eigenleistungen finden sich oftmals im Zusammenhang mit

- unzureichender Gesetzeslage
- dem bevorstehenden Erlass neuer Gesetze oder nach umfassenden Gesetzesänderungen
- neuer Rechtsprechung mit gravierenden Konsequenzen für die Praxis
- Pilotprojekten und Modellversuchen
- Gründung neuer Institutionen
- neuen Aufgabenstellungen der Exekutiven
- widersprüchlichen Meinungen in Literatur und Rechtsprechung
- aktuellen Ereignissen und Fragestellungen in Gesellschaft und Politik.

Es empfiehlt sich, schon geraume Zeit vor der Befassung mit der Themenwahl Tageszeitungen und Fachzeitschriften auf geeignete Fragestellungen durchzusehen, Material zu sammeln und das Gespräch mit Praktikern und Interessenvertretern zu suchen. Praktiker und Interessenvertreter können den Blick auf Unzulänglichkeiten und Handlungsbedarf in Recht, Politik und Gesellschaft lenken.

Eine Literaturrecherche kann zeigen, dass ein Thema schon häufig bearbeitet wurde. Bei der Bearbeitung dieses Themas wird die Literaturauswertung viel Zeit und Platz beanspruchen. Es fragt sich, ob dem noch Neues hinzuzufügen ist, ob noch Raum für eine eigenständige wissenschaftliche Leistung bleibt. Dies stellt sich anders dar, wenn die vorhandene Literatur Lücken in der Argumentation oder Widersprüche aufweist. Ein bereits viel bearbeitetes Thema birgt neue Anreize, wenn es unter neuen Gesichtspunkten, einem spezifischen Blickwinkel[3] oder einer besonderen Fragestellung betrachtet werden soll wie

- Rechtsvergleichung
- Vergleich auf internationaler oder EU-Ebene
- gender Fragen
- Soziale und wirtschaftliche Folgenabschätzung
- Ökonomische Analyse des Rechts
- Kulturelle Aspekte
- Adäquate Änderung der Verwaltungspraxis und Verwaltungsorganisation
- Effektivitätskontrolle.

---

3   Eco (2020) S. 41; Tettinger/Mann (2009) S. 207.

Es kann interessant sein, einen aktuellen Gesamtkomplex aufzuzeigen, in dem verschiedene altbekannte und vielseitig diskutierte Einzelprobleme auftauchen. Der wissenschaftliche Anspruch einer solchen Arbeit besteht darin, eine umfassende Betrachtung der Problemlage aufzuzeigen, die systematische Wertigkeit der bekannten Einzelprobleme herauszuarbeiten, die verschiedenen Lösungsansätze aufzuzeigen und auf ihre Stimmigkeit im Gesamtzusammenhang zu untersuchen.[4]

Die Literatursuche kann ergeben, dass es zu einem Thema kaum einschlägige Veröffentlichungen gibt. Dies kann dazu motivieren, eigenständiges Arbeiten unter Beweis zu stellen. Es kann zugleich ein Anzeichen dafür sein, dass ein Thema zu eng geschnitten ist und kaum Raum für themenbezogene Auseinandersetzungen bietet. Deshalb sollten Vorüberlegungen dazu angestellt werden, welche einzelnen Fragen und Problemfelder dieses Thema aufwirft und welche Problemaspekte zu bearbeiten sind.

Den Studierenden stellt sich oftmals die Frage, ob sie eher ein theoretisches oder eher ein praktisch orientiertes Thema für die Arbeit wählen sollen:

Ist ein Thema ausgesprochen praktisch orientiert, kann die wissenschaftliche Auseinandersetzung verloren gehen, insbesondere wenn sich die Studierenden auf ein bloßes Nacherzählen einer vorgefundenen Situation beschränken. Sie wird gewahrt, wenn es die Studierenden unternehmen, die Praxis auf ihre Rechtmäßigkeit zu überprüfen und zu fragen, welche recht- und zweckmäßigen Alternativen und Optimierungen sich anbieten. Gerade zur Bearbeitung eines praktischen Themas bedarf es des theoretischen Rüstzeugs. Die Praxis fordert Lösungen, die wissenschaftlich abgesichert sind. Ein praktisch orientiertes Thema bietet den Vorteil der Anschaulichkeit und weckt die Hoffnung, dass die Arbeit für die Praxis von Nutzen sein kann. Studierende mit Berufserfahrung können hier eigene Erfahrungen einfließen lassen und die Arbeit praxisnah und ansprechend gestalten. Praxisorientierte Themen halten sich häufig nicht an die Grenzen einer Fachdisziplin. Hier kann fächerübergreifendes Wissen und Methodik gefordert sein.

Ein theoretisch ausgerichtetes Thema erhält Praxisbezug, wenn es anhand einer praktischen Fragestellung oder eines in der Praxis aufgetretenen Falles erörtert wird. Bei einem theoretischen Thema muss die Praxisrelevanz ein Leitfaden für die Erörterungen sein.[5]

Fächerübergreifende Themen haben einen hohen Anspruch und einen besonderen Reiz. Sie stellen hohe Anforderungen: Gesellschaft, Wirtschaft und Politik brauchen rechtliche Rahmenbedingungen. Recht gestaltet Gesellschaft, Wirtschaft und Politik.

Zur Erarbeitung einer wissenschaftlichen Arbeit müssen die Studierenden mit den erforderlichen Arbeitsmethoden vertraut sein.[6] Eine Arbeit mit juristischen Fragestellungen setzt den Umgang mit der juristischen Methodenlehre voraus. Deren bedarf es, um selbstständig und kritisch mit den einschlägigen Rechtsvorschriften umzugehen, um Zusammenhänge und Weiterungen auf anderen Rechtsgebieten erkennen und fortentwickeln sowie vorgefundene Rechtsansich-

---

4 Fragnière (2003) S. 6.
5 Eco (2020) S. 17 ff.
6 Fragnière (2003) S. 24, 33.

ten hinterfragen zu können. Sie befähigt dazu, fremde Rechtsansichten zu durchleuchten und nicht kritiklos zu reproduzieren. Die Methodenlehre ist das Handwerkszeug des Juristen. Wer damit souverän umzugehen vermag, kann die Arbeit auf ein solides Fundament stellen und ihr eine eigene Gestalt geben. Ohne dieses Handwerkszeug wird die Arbeit an der Oberfläche bleiben und nicht zu einer wissenschaftlichen Eigenleistung gelangen.

Arbeiten in den Rechtswissenschaften sind zumeist Literaturauswertungen, die sich mit Gesetzen, Rechtsprechung und Fachbeiträgen auseinandersetzen. Hingegen kommen in der Rechtstatsachenforschung empirische Erhebungen in Betracht. Wer eine empirische Studie anstellen möchte, muss sich vorab mit der Konzeption und Auswertung vertraut machen. Die erforderlichen Erhebungen können erhebliche Zeit und Mühe beanspruchen. Es ist darauf zu achten, dass die Bearbeitungszeit ausreichend bemessen und der Zugang zum Datenmaterial gewährleistet ist. Dies muss vor der Themenwahl abgeklärt sein. Stellt sich erst nach Beginn der Bearbeitungszeit heraus, dass die Daten ganz oder teilweise nicht zugänglich sind, kann es das Aus für eine fundierte Bearbeitung bedeuten.

Ist das Thema weit gefasst, besteht die Gefahr, dass eine tiefergehende Bearbeitung im Rahmen der Vorgaben zu Zeit und Umfang nicht umsetzbar ist. Die Arbeit bleibt dann an der Oberfläche. Die für die Bearbeitung zur Verfügung stehende Zeit lässt eine wissenschaftliche, in die Tiefe gehende Auseinandersetzung, eine Abwägung der Pro- und Contra-Argumente bei einem zu weitgefassten Thema nicht zu. Die zur Verfügung stehende Zeit und der vorgegebene Umfang der Arbeit sind bei der Themenwahl zu bedenken. Das Thema ist deshalb einzugrenzen, ein Schwerpunkt muss gewählt werden. Es ist eine Präzisierung des Themas erforderlich. Diese Präzisierung hat die zur Bearbeitung ausgewählten Bereiche einzugrenzen und von den Bereichen abzugrenzen, die nicht diskutiert werden sollen.

Bei einem zu eng geschnittenen Thema bestehen umgekehrt die Gefahr und die vermeintliche Notwendigkeit, den vorhandenen Stoff durch überlange oder ausschweifende Ausführungen und Wiederholungen sowie überzogene Gliederungen zu strecken.

Bevor ein Thema endgültig gewählt wird, ist zu überlegen, welche **Forschungsfrage** sich damit konkret verbindet. Es ist zu überlegen, welche konkrete Fragestellung bei diesem Thema erforscht werden soll, ob diese Raum für eine wissenschaftliche Forschung und Ausarbeitung bietet. Wer ein Thema ins Auge gefasst hat, muss in einem zweiten Schritt herausarbeiten, welche Forschungsfrage sich hinter dem Thema befindet. Ein interessant erscheinendes Thema geht in die Leere, wenn sich dahinter keine Forschungsfrage, kein Forschungsbedarf verbirgt, dieses keinen Anlass für eine wissenschaftliche Auseinandersetzung bietet. Hinter einem Thema können sich mehrere Forschungsfragen verbergen. Es muss entschieden werden, welcher Forschungsfrage nachgegangen wird. Die Vorgaben zur Bearbeitungszeit und zum Seitenumfang lassen es nicht immer zu, alle mit dem Thema in Zusammenhang stehenden Forschungsfragen aufzugreifen. Die Forschungsfrage muss in der Einleitung der Arbeit aufgegriffen werden, damit der Leser weiß, was Anlass und Ziel der Arbeit ist. Sie muss für den Verfasser der rote Faden sein, der durch die Materialsammlung, Materialauswertung und schließlich die Darstellung der Arbeit führt.[7] Forschungsfragen lassen sich als W-Fragen erarbeiten:[8]

– Was ist der Fall? Worum geht es?   – Warum ist das so?   – Wo liegt das Problem?   – Warum wird Kritik geäußert?   – Welcher Blickwinkel blieb unberücksichtigt?   – Wie ist der Sachverhalt, die Rechtslage zu bewerten?

– Welche Maßnahmen sind zur Zielerreichung möglich oder geeignet?   – Welche Maßnahme verspricht optimalen Erfolg?   – Wann trat eine Änderung ein?   – Warum trat eine Änderung ein?   – Warum ist das wichtig?   – Welche Konsequenzen hat das?

Zu mancher Forschungsfrage lassen sich weitere Unterfragen herausarbeiten:
– Welche Ansichten gibt es zu dieser Rechtsfrage?
– Worin besteht Einigkeit?
– Worin bestehen die Unterschiede?
– Welche Konsequenzen haben die widersprechenden Ansichten?
– Welcher Handlungsbedarf ergibt sich hieraus?

Als Forschungsfrage kommt auch eine **Hypothese** in Betracht. Diese geht der Frage nach, ob ein Zusammenhang zwischen mindestens zwei Sachverhalten besteht. Hypothesen werden als Konditionalsatz Wenn – Dann formuliert.

Hinter dem Stichwort Themenwahl verbirgt sich folglich ein mehrstufiger Prozess: Die Studierenden suchen sich ein zu bearbeitendes Thema, entwickeln die dahinterstehende und zu bearbeitende Forschungsfrage und geben dem schließlich einen Titel. Das Thema und erst recht der Titel einer Arbeit sind in der Regel nicht identisch mit der Forschungsfrage.

Themenwahl Einstieg	→	Forschungsfrage Präzisierung	→	Titel

Kristallisiert sich das Thema der Arbeit und die damit verknüpfte Forschungsfrage mehr und mehr heraus, ist der **Titel** festzulegen. Der Titel sollte aussagekräftig die Fragestellung und das Thema widerspiegeln, zur Lektüre der Arbeit anregen und Interesse wecken. Der Titel sollte kurz, prägnant und einleuchtend sein. Ein Untertitel kann den Schwerpunkt, die Zielrichtung der Arbeit und die Abgrenzung wiedergeben. Wird zur Formulierung des Titels ein bestimmter Artikel verwendet wie bei *Die Ursachen und Folgen von Mobbing*, erhebt diese Formulierung den Anspruch, alle Ursachen und Folgen beleuchten zu wollen. Lautet der Titel hingegen *Ursachen und Folgen von Mobbing*, muss nicht auf alle Ursachen und Folgen eingegangen werden.[9]

Ein Titel darf nicht vage oder missverständlich formuliert sein. Der Titel muss aussagekräftig sein. Es muss so exakt formuliert sein, dass damit bestimmte konkrete Vorstellungen verbunden werden können. Ansonsten besteht die Gefahr, dass sich der Bearbeiter in dem Thema verliert und auf Nebengebiete abschweift.

---

7   Ähnlich Bänsch/Alewell (2020) S. 73; Gleitsmann/Suthaus (2021) S. 111.
8   Esselborn-Krumbiegel (2022) S. 87 ff.; Folz/Brauner (2017) S. 45 ff.; Karmasin/Ribing (2017) S. 27, 89; Kornmeier (2021) S. 60 ff.; Voss (2019) S. 63, 79.
9   Schenk (2005) S. 46.

Außerdem besteht das Risiko, dass Bearbeiter und Gutachter ganz unterschiedliche Vorstellungen vom Gegenstand der Arbeit entwickeln. Sieht sich ein Gutachter in seinen Erwartungen an den Inhalt der Arbeit enttäuscht, vermisst er die Befassung mit bestimmten Fragestellungen, wirkt sich dies zwangsläufig auf die Bewertung aus.

Es ist vorteilhaft, im Titel Schlüsselbegriffe zu verwenden, die bei der Suche in elektronischen Datenbanken zielführend sind. Das kann dazu beigetragen, dass Dritte bei der Recherche auf die Arbeit stoßen und sich mit dieser auseinandersetzen.[10] Dies trägt für Dritte zur Suche im Web und für den Bearbeiter zur Sichtbarkeit der Arbeit und der Person bei.

Es empfiehlt sich, die Vorstellungen über die Themenwahl, Themeneingrenzung durch Entwicklung der Forschungsfrage und Titel mit den Gutachtern eingehend zu besprechen. Es kann sich herausstellen, dass unterschiedliche Vorstellungen über den Inhalt und die Schwerpunkte des gewählten Themas bestehen. Selbst ein scheinbar eindeutiges Thema eröffnet unter verschiedenen Blickwinkeln, Erfahrungen und Vorkenntnissen ganz unterschiedliche Erwartungen an die Schwerpunktbildung.

Die Wahl und Strukturierung des Themas, die Erarbeitung der Forschungsfrage ist kein einmaliger Akt. Es ist ein fortschreitender Prozess, der seinen Ausgangspunkt im allgemeinen Interesse und Vorwissen hat und von einzelnen noch recht vagen Vorstellungen geprägt ist. Mit zunehmender Beschäftigung mit dem Thema, erster Literaturrecherche ändern sich dessen Schwerpunkte, Grenzen, Fragestellungen und es ergeben sich neue Probleme und Fragen. Dies erfordert, dass das Thema immer wieder neu durchdacht und formuliert werden muss, um den erforderlichen Raum für die angedachte Darstellung zu geben. Deshalb muss mit der Themensuche frühzeitig begonnen werden. Diese ist um eine erste Arbeitsgliederung zu ergänzen, die den Gang der Untersuchung und deren Schwerpunkte umfasst. Dies ist notwendig, um eine Vorstellung vom Umfang und den Anforderungen der zu bewältigenden Arbeit zu gewinnen.

---

10 Manschwetus (2020) S. 123.

3.　Die Planung

Haben Studierende eine wissenschaftliche Arbeit zu erstellen, stellt sich ihnen die Aufgabe, dass sie
- die Erarbeitung des Themas
- unter Beachtung fachspezifischer Formvorschriften für dessen Darstellung
- innerhalb eines vorgegebenen Zeitrahmens

zu leisten haben. Daraus ergibt sich bereits eine Reihe von Planungsschritten, mit denen frühzeitig begonnen werden muss. Ein frühzeitiger Beginn mit der Planung und Vorbereitung empfiehlt sich, da für die Arbeit nur ein gewisser Zeitraum zur Verfügung steht. Dieser Zeitraum sollte von den Studierenden optimal genutzt werden, denn im Verlauf der Erarbeitung können unvorhergesehene Probleme auftreten. Studierende unterschätzen, wieviel Zeit und Mühe es beanspruchen kann, Gedanken klar und verständlich in Worte zu fassen und ihrer schriftlichen Ausarbeitung den letzten Schliff zu geben.
Soweit Vorbereitungen bereits vor Beginn der Bearbeitungszeit getroffen werden können, sind diese vorher zu erledigen. Damit bleibt die Bearbeitungszeit für die themenspezifischen Arbeiten und die schriftliche Ausarbeitung und Darstellung der Arbeit frei. Keine zeitlichen Eingrenzungen bestehen in der Regel bei Doktorarbeiten. Gerade bei diesen ist dies vielen Bearbeitern zum Verhängnis geworden. Die Arbeit wurde nie abgeschlossen.

3.1.　Sachmittel und Kosten

Zu den Vorarbeiten, die vor Ausgabe des Arbeitsthemas erledigt werden können, zählt die Beschaffung erforderlicher Sachmittel:
a.　Die aktuellen Formvorschriften und Vorgaben der Hochschule über die Erstellung wissenschaftlicher Arbeiten sind, soweit es solche gibt, zu beschaffen. Solche Formvorschriften gibt es regelmäßig für Abschlussarbeiten, kaum jedoch für Seminararbeiten. Die Formvorschriften für Abschlussarbeiten lassen sich in einzelnen Punkten auf Seminararbeiten übertragen. Sie sind vor dem Einstieg in die Arbeit durchzusehen.
b.　Es sind Din-A4-Ordner oder Register für die Aufbewahrung von Kopien anzuschaffen. Daneben sind weitere Ablagesysteme wie Karteikästen nebst Karteikarten zu besorgen. Farbstifte und Textmarker können hilfreich sein.
c.　Die technischen Arbeitsmittel wie Rechner und Drucker nebst Druckerpatrone und Druckerpapier sind zu organisieren, zumindest ist ihre Benutzung sicherzustellen. Die erforderlichen Programme sind zu installieren. Zudem ist zu prüfen, ob die Vorgaben in den Formvorschriften der Hochschule über die Erstellung wissenschaftlicher Arbeiten am Rechner eingehalten werden können.
d.　Wer Rechner und Drucker der Hochschule benutzen will, sollte sich mit der Benutzungsordnung vertraut machen und in Erfahrung bringen, ob ausreichend Benutzerplätze vorhanden sind. Da solche Einrichtungen gelegentlich

nicht betriebsbereit sind oder zu manchen Zeiten alle Benutzerplätze belegt sind, sollte nach einer Ausweichmöglichkeit Ausschau gehalten werden.

e. Es ist festzustellen, welche Bibliotheken Zugang zu der themenspezifischen Literatur bieten, wie deren Benutzungsordnung ausgestaltet ist und welche Möglichkeiten die Recherche in Katalogen eröffnet.

f. Der Zugang und Umgang mit den elektronischen Fachdatenbanken und wissenschaftlichen Suchmaschinen ist abzuklären.

g. Die Anzahl und Form der abzugebenden Exemplare sind zu erfragen. Bei Abschlussarbeiten bestehen zumeist strenge Vorschriften, die unbedingt einzuhalten sind. Es ist abzufragen, welcher Copy-Shop die Vervielfältigungen und, soweit erforderlich, das Binden, übernehmen kann und wieviel Zeit dies beanspruchen wird. Die Öffnungs- und Urlaubszeiten sind zu notieren.

Die Anfertigung wissenschaftlicher Arbeiten verursacht Kosten. Deshalb sind die finanziellen Mittel für die Beschaffung von Literatur und technischer Hilfsmittel einzuplanen. Es werden Kopierkarten benötigt. Hinzu kommen die Kosten für die Erstellung der Mehrfertigungen der Arbeit und das Binden. Nicht zu unterschätzen sind die Reisekosten zu auswärtigen Bibliotheken, Archiven und anderen Einrichtungen sowie die Nutzung elektronischer Medien.

3.2. Zeitplan

Wissenschaftliche Arbeiten sind mit Ausnahme von Doktorarbeiten innerhalb eines vorgegebenen Zeitraums zum Abschluss zu bringen. Die Bearbeitungszeit ist zwingend einzuhalten. Im Lauf der Bearbeitung eines wissenschaftlichen Themas passiert es oft, dass die Zeit davonläuft, weil die Literaturbeschaffung, Datenerhebung und Auswertung länger dauert als erwartet oder die Literaturauswertung umfassender ist als angenommen. Die Bearbeitung des Themas kann stagnieren, wenn sich Besprechungstermine nicht wie gewünscht durchführen lassen. Oftmals zeigt sich in der Phase der Ausarbeitung, dass Probleme bislang nicht erkannt worden sind und erneut in die Literaturbeschaffung und deren Auswertung eingetreten werden muss. Besonders fatal ist es, wenn in der letzten Phase der Erarbeitung Arbeitsmittel wie Rechner, Drucker und Kopierer nicht gebrauchsbereit sind.

Wer sich eigene empirische Untersuchungen wie Umfragen, Interviews und Datenanalysen zum Ziel gesetzt hat, sollte schon im Vorfeld der Themenwahl Vorsorge treffen, dass die zu befragende Zielgruppe erreichbar ist und die Daten zur Verfügung stehen. Trotzdem können sich bei den weiteren Untersuchungen Probleme ergeben, weil die Mitwirkung Dritter unabdingbar ist und von deren Zeit, Bereitschaft und Zuverlässigkeit abhängt.

Deshalb ist es erforderlich, bei der zeitlichen Planung ausreichend zeitliche „Puffer" vorzusehen und nicht zu spät mit der schriftlichen Abfassung der Arbeit zu beginnen. Bei der Sammlung und Sichtung der Literatur erscheint manches als selbstverständlich, vollständig, klar und widerspruchsfrei. Erst bei der schriftlichen Abfassung tun sich Zweifel und Lücken auf. Zumeist lassen sich die Gedanken erst bei der schriftlichen Abfassung klar erfassen und strukturieren. Bei der schriftlichen Abfassung zeigt sich, dass der Bearbeiter Probleme bislang nicht erkannt hat und noch erarbeiten muss, wichtige Materialien aus Literatur und Rechtsprechung übersehen hat und noch beschaffen muss. Es können sich widersprüchliche Prämissen und Meinungen in Literatur und Rechtsprechung ergeben, die noch aufzuarbeiten sind. Hieraus leitet sich das Erfordernis ab, mit der ersten Abfassung der Arbeit nicht zu lange zu warten.

Mit der Abfassung einzelner Teile der Arbeit sollten die Studierenden schon nach einem Drittel der Bearbeitungszeit beginnen. Es genügt eine Rohfassung. Die Feinarbeit kann später erfolgen. Sie sollten nicht bis zur vollständigen Materialauswertung warten. Diese wird bei manchen Themen fast nicht möglich sein. Bei Problemen von untergeordneter Bedeutung ist dies gar nicht erstrebenswert. Hier leistet die Arbeit am Rechner wertvolle Dienste. Es kann beliebig ergänzt und abgeändert werden.

Die Begrenzung der Bearbeitungszeit macht eine individuelle Zeitplanung erforderlich. Es sind folgende Arbeitsschritte zu bedenken:[11]

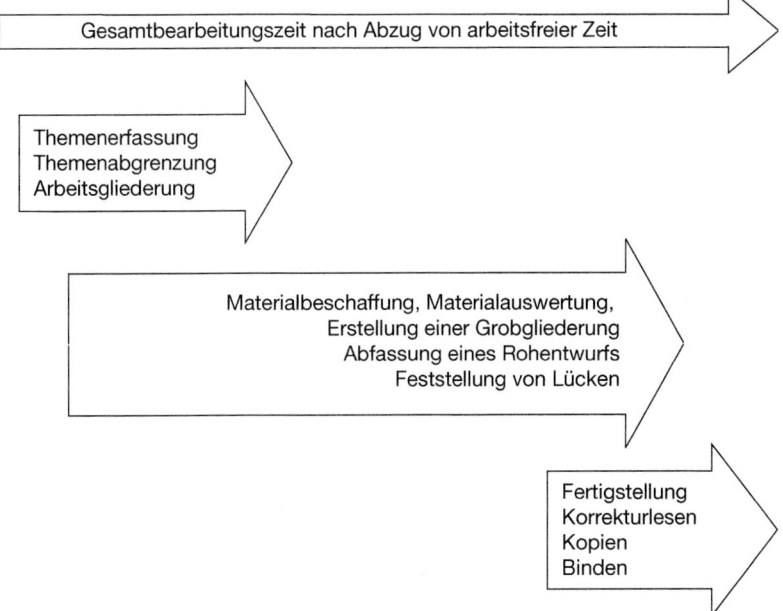

Die vorgestellte zeitliche Planung stellt nur eine Grundplanung dar. Den Besonderheiten des Themas der Arbeit, Schwierigkeiten bei der Materialbeschaffung sowie den individuellen Fertigkeiten beim Ausformulieren der Gedanken, den Schreibfertigkeiten sowie dem Umgang mit Schreib- und Grafikprogrammen kann diese Grundplanung nicht Rechnung tragen. Es ist ein persönlicher Zeitplan zu fertigen. Der Zeitplan ist regelmäßig mit den Arbeitsfortschritten zu

---

11 Theisen (2021) S. 32 ff.

vergleichen, um rechtzeitig Korrekturen an der Planung oder dem Arbeitsverhalten vornehmen zu können.

3.3. Informationsbeschaffung

Schon bei der Planung müssen die Studierenden sich damit befassen, welche Möglichkeiten zur Informationsbeschaffung und Literaturfindung ihnen zur Verfügung stehen, wie und wo sie darauf Zugriff nehmen können. Bei der Bearbeitung eines juristischen Themas dreht sich die Materialbeschaffung in erster Linie um das Sichten und Sammeln einschlägiger Fachliteratur und Gerichtsentscheidungen. Diese sind in Büchern, Fachzeitungen und Entscheidungssammlungen zugänglich und können in Bibliotheken sowie Elektronischen Informationssystemen und Datenbanken nachgeschlagen werden. Elektronische Datenbanken haben in den Rechtswissenschaften die klassische Bibliothek mit ihren Print-Medien abgelöst. Die Hochschul-, Landes- und Stadtbibliotheken stellen ihren Nutzern neben Print-Medien zunehmend eine Vielzahl elektronischer Informationssysteme zur Verfügung. Anstelle der Recherche in Zettel- und Karteikästen vor Ort in der Bibliothek ist die Recherche am Bildschirm getreten und viele Angebote können am Bildschirm zu Hause in Anspruch genommen werden, ohne dass es des Gangs in die Bibliothek oder zur Hochschule bedarf.

Bereits zu Beginn und während des gesamten Studiums sollten sich die Studierenden mit diesen Medien und ihrer Handhabung befassen. Wer erst nach Ausgabe des Themas der wissenschaftlichen Arbeit erste Erfahrungen im Umgang mit diesen Medien macht, kann böse Überraschungen erleben und verliert wertvolle Bearbeitungszeit.

Die Literatursuche gestaltet sich in den Rechtswissenschaften wie auch in vielen anderen Wissenschaften aufwendig. Es bietet sich eine Flut an Gesetzen, Rechtsprechung, Behördenunterlagen, Fachbeiträgen in Büchern, Zeitschriften und Online-Veröffentlichungen. Es gibt keine zentralen Kataloge oder Datenbanken, die das Literaturangebot bündeln. Sondern es existiert eine Vielzahl unterschiedlicher Zugänge zu Literatur, die allesamt keinen vollständigen Überblick gewähren. Deshalb bleibt zumeist nichts anderes übrig, als die Suche über verschiedene Informationswege vorzunehmen. Dabei tritt das Phänomen auf, dass die Angebote auf den verschiedenen Informationskanälen sich überschneiden, dieselbe Information mehrfach auftaucht, was zeitraubend und ermüdend ist.

Dabei kann mit einer traditionellen Recherche in Bibliothekskatalogen begonnen werden. Bibliothekskataloge weisen den Bestand von Bibliotheken nach. Im digitalen Zeitalter steht zumeist die Recherche mittels Suchmaschinen und in Datenbanken am Anfang.[12] Der Einstieg über Lexika, Handwörterbücher und Lehrbücher[13] gehört zunehmend der Vergangenheit an. Das Nebeneinander verschiedener Informationssysteme macht eine systematisch-strukturierte Recherche erforderlich.

---

12 Brink (2013) S. 55.
13 Gerstmann (2021) S. 83.

> Als **Suchkategorien** gibt es vier Vorgehensweisen:
> - Die Suche nach dem Namen eines Autors oder eines Herausgebers einer Institution.
> - Die Stichwortsuche nach Begriffen, die im Titel eines Werkes enthalten sind.
> - Die Schlagwortsuche nach Begriffen, die den Inhalt eines Werkes wiedergeben.
> - Die Suche nach einschlägigen Gesetzen und der Rechtsprechung.

Um die thematische Suche mittels Stich- und Schlagworten zu intensivieren, sind für jeden Begriff synonyme Begriffe, Ober- und Unterbegriffe zu bilden und mit diesen die Suche zu erweitern. Um nicht den Überblick zu verlieren, ist eine Liste von Suchbegriffen zusammenzustellen[14] und ein Rechercheprotokoll zu führen. Das **Rechercheprotokoll** weist aus, mit welchen Suchbegriffen in welchen Katalogen und Datenbanken bereits gesucht wurde, welche Suche zu einem Treffer führte bzw. keinen Treffer ergab. Damit erspart man sich unergiebige Wiederholungen bei der Suche, kann weitere Suchbegriffe generieren und mit diesen die Suche erweitern bzw. kann die Suche auf Datenbanken und Kataloge erstrecken, die bislang nicht durchgesehen wurden. Wurde ein Treffer erzielt, sind im Rechercheprotokoll die Angaben festzuhalten, die erforderlich sind, um erneut zu der Information zu gelangen.

Ist erst einmal eine Abhandlung zur gesuchten Fragestellung gefunden, finden sich bei deren Lektüre regelmäßig Zitate und Verweise auf andere Literatur und Gerichtsentscheidungen zu demselben Thema, die schon früher veröffentlicht wurden. Der erste Einstieg ist geschafft. Nach dem Schneeballsystem ist die Literaturlawine – rückwärts in die Vergangenheit – in Bewegung geraten. Diese **Rückwärtssuche** ist zwingend durch eine **Vorwärtssuche** zu ergänzen nach später verfasster, aktuellerer Literatur zum jeweiligen Suchkriterium.

Bei der Vorwärtssuche helfen Zitationsdatenbanken mit der **wird-zitiert-Funktion**: Bei einem einschlägigen Aufsatz, Buch oder einer Gerichtsentscheidung können Links auf später verfasste Publikationen hinweisen, die das aufgefundene Dokument zitieren. Dies erlaubt eine Vorwärtssuche zu zeitlich nachfolgenden Werken, die sich mit dem zitierten Werk befassen. Die Suche gewinnt hierdurch an Aktualität. Gleichzeitig kann es ein Indiz für die Relevanz einer Publikation sein, wenn andere Autoren und Gerichte deren Inhalt aufgreifen. Nicht alle Datenbanken bieten diese wird-zitiert-Funktion. Bei der Literatursuche sollte, sobald einschlägige Veröffentlichungen gefunden wurden, eine Vorwärtssuche zu diesen Veröffentlichungen angeschlossen werden. Dies erlaubt, aktuellere Literatur zu dem Thema zu finden, den weiteren Gang der wissenschaftlichen Auseinandersetzung zu verfolgen. Da die Vorwärtssuche nur von bestimmten Datenbanken angeboten wird, ist es empfehlenswert mit der Recherche möglichst in den Datenbanken zu beginnen, die diese Vorwärtssuche anbieten. Dazu zählen dejure.org und die kostenpflichtigen Datenbanken juris und beck-online.

---

14 Franke u. a. (2014) S. 37; Theisen (2021) S. 54.

Wer über eine längere Zeit mit einer wissenschaftlichen Arbeit befasst ist, muss damit rechnen, dass neue Werke veröffentlicht werden, die die eigene Arbeit tangieren können. Es darf nicht versäumt werden, deren Relevanz für die eigene Arbeit zu prüfen und notwendige Änderungen, Erweiterungen aufzunehmen. Alerts liefern automatische Hinweise auf neue Veröffentlichungen nach Suchbegriffen. Am bekanntesten ist Google Alerts. Auf der Suchmaske von Google Alerts können Suchbegriffe eingegeben werden. Sobald im Internet ein eingestellter Suchbegriff neu erscheint, erfolgt eine Benachrichtigung per E-Mail. Bei Verlagen und Bibliotheken können ebenfalls Alerts oder RSS Feeds eingestellt werden, die dieselbe Hilfe anbieten.

3.3.1. Suchmaschinen und Datenbanken

Universalsuchmaschinen wie Google und Metasuchmaschinen wie MetaGer liefern eine Unzahl von Treffern und bieten allenfalls einen groben Überblick. Es ist mühsam und zeitaufwendig die Treffer auf ihre Relevanz und wissenschaftliche Qualität zu durchsuchen. Trotz der großen Zahl an Treffern, die Google liefert, erfasst Google nie alle im Internet verfügbaren Texte.

Google hat zwei hilfreiche Dienste entwickelt, die eine eingeschränkte Vorwärtssuche erlauben:

Google Scholar führt zu frei zugänglichen wissenschaftlichen Veröffentlichungen im WEB, sogenannten Open-Access-Quellen, zu wissenschaftlichen Titeln von Verlagen im Volltext oder zu bibliographischen Nachweisen nebst Zusammenfassungen. Eine redaktionelle Qualitätskontrolle findet bei Google Scholar nicht statt.

Google-Books bietet urheberrechtsfreie Titel im Volltext. Urheberrechtsfrei sind Werke 70 Jahre nach dem Tod des Verfassers. Manche urhebergeschützten Werke sind mit Inhaltsverzeichnis und Leseprobe zugänglich. Das erlaubt eine erste Einschätzung, ob das gefundene Werk für die eigene Arbeit relevant ist und es sich lohnen kann, das Werk zu beschaffen und einzusehen. Andere Werke sind nur mit den bibliographischen Daten aufgenommen, ohne näheren Aufschluss über den Inhalt zu geben.[15]

Die Fülle der Datenbanken ist unübersehbar und es ist ausgeschlossen, alle im Folgenden aufzuführen. Datenbanken können

- als Volltextdatenbank direkt zu einem gesuchten Werk führen, das vollständig auf seine Relevanz und Aktualität durchgelesen werden kann oder
- als Referenzdatenbank bibliographische Nachweise zu Werken liefern. Der Zugang zu diesen Werken muss dann auf anderem Wege beschafft werden. Sind die bibliographischen Nachweise im Einzelfall um Inhaltsverzeichnisse und Abstracts erweitert, lassen diese eine Grobeinschätzung auf Relevanz zu.

Die Suche in Datenbanken erfordert:

- Festlegen von Suchbegriffen
- Suche nach Synonymen zu den Suchbegriffen unter Heranziehung des Schlagwortkatalogs der Datenbank

---

15 EH/Schütte (2013) S. 36, 42 ff.; Franke u. a. (2014) S. 73; Vogel (2020) S. 1 ff.

– Verknüpfung der Suchbegriffe mit den Suchoptionen der Datenbank unter Heranziehung der Hilfe-Seite der Datenbank.

3.3.1.1. Kostenlose Datenbanken und wissenschaftliche Suchmaschinen

Die Datenbank **DBIS** listet nach Fächern sortierte Datenbanken auf und nennt deren Zugangsvoraussetzungen. Daneben ist eine Stichwortsuche möglich, die zu entsprechenden Datenbanken führt. Dies reicht von frei im Netz verfügbaren Datenbanken bis zu kostenpflichtigen Datenbanken. DBIS führt Bibliotheken auf, die einen Zugriff auf diese Datenbanken haben. Vor allem die größeren Bibliotheken weisen über ihre Homepage mittels DBIS nach, zu welchen Datenbanken sie eine Lizenz haben oder welche freiverfügbaren Datenbanken zugeschaltet sind. Die bei der Bibliothek registrierten Nutzer können diese Datenbanken kostenfrei heranziehen.[16] Soweit die Bibliotheken eine Lizenz zu Modulen kostenpflichtiger Datenbanken haben, eröffnen sie ihren registrierten Nutzern umfangreiche Möglichkeiten, in diesen Datenbanken kostenfrei zu recherchieren.

BASE ist eine Suchmaschine für frei zugängliche wissenschaftliche Open-Access-Dokumente, die die Universitätsbibliothek Bielefeld entwickelt hat und laufend aktualisiert. Sie zählt zu den weltweit größten Suchmaschinen für wissenschaftliche Dokumente. Die Suche kann nach Autor, Stich- und Schlagworten erfolgen. Viele Dokumente können im Volltext eingesehen werden. Ansonsten sind zumindest Metadaten wie Titel und Abstract einsehbar.[17]

Die **Webis**-Datenbank listet die Fachinformationsdienste für die Wissenschaft auf und weist nach, an welchen deutschen Bibliotheken und Instituten Sammelschwerpunkte nach Fachrichtungen bestehen.[18]

Sie nennt den Fachinformationsdienst für internationale und interdisziplinäre Rechtsforschung <intR>². Der Fachinformationsdienst ist aus der Virtuellen Fachbibliothek Recht (vifa-recht) an der Staatsbibliothek zu Berlin hervorgegangen. <intR>² bietet Fachinformationen und Forschungspublikationen der juristischen Grundlagenforschung und zu Rechtsgebieten mit internationalem Bezug und der Nachbardisziplinen. Unter Forschungskartierung findet der Leser aktuelle Forschungsfelder. Der Zeitschrifteninhaltsdienst erfasst laufend aktuelle Beiträge aus 400 zumeist ausländischen Fachzeitschriften. Der Veranstaltungskalender informiert über eine Vielzahl von Konferenzen, Vorträgen und Workshops. Unter Neuerscheinungen sind die in deutscher Sprache veröffentlichten Publikationen der Deutschen Nationalbibliothek zum Recht enthalten.[19]

Ein weiterer Fachinformationsdienst ist **KrimDok** der Universität Tübingen. Es umfasst bibliographische Nachweise zu Strafrecht, Kriminologie und Rechtstatsachenforschung. KrimDok erfasst in- und ausländische Werke und insbesondere Beiträge in Fachzeitschriften.[20]

Lexetius.com ist eine juristische Datenbank. Sie führt zu wichtigen Gesetzen und Entscheidungen der höchsten deutschen Gerichte und der europäischen Gerichte in Volltext.

---

16 EH/Schütte (2013) S. 58; Vogel (2020) S. 26.
17 Preißner (2012) S. 92; Vogel (2020) S. 82.
18 EH/Schütte (2013) S. 61.
19 Vogel (2020) S. 36 ff.
20 Vogel (2020) S. 85 f.

Dejure.org ist ein hilfreiches Informationsportal für Gesetze und gerichtliche Entscheidungen. Nach Gesetzen, Stichworten und Gerichtsentscheidungen sortiert, sind Treffer mit Volltextveröffentlichungen verlinkt. Die Datenbank führt zu Kurzfassungen, Papierfundstellen, zu anderen online-Datenbanken, Rechtslexika und Urteilsbesprechungen. Bei den Gesetzen führen Querverweise zu anderen Rechtsvorschriften, die sich auf das fragliche Gesetz beziehen oder damit in einem Zusammenhang stehen. Hilfreich ist die wird-zitiert-von Suchfunktion bei der Rechtsprechung, die eine Vorwärtssuche erlaubt.

Die **Bundesgerichte** ermöglichen auf ihrer Homepage den Zugriff auf alle veröffentlichten Entscheidungen im Volltext ab einem bestimmten Stichtag. Einige Oberlandesgerichte und Oberverwaltungsgerichte bieten denselben Service. Zu wichtigen Entscheidungen finden sich kurz nach Verkündigung Pressemitteilungen auf deren Homepage.[21]

Das Bundesministerium der Justiz bietet unter **rechtsprechung-im-internet** eine komfortable Recherche nach Entscheidungen der Bundesgerichte mittels den Suchfunktionen Gericht, Aktenzeichen, Datum, Gesetz, Suchbegriff. Obendrein führt rechtsprechung-im-internet zu Gesetzen des Bundes und der Länder, zu Gerichtsentscheidungen auf Landesebene, zu Verwaltungsvorschriften der obersten Bundesbehörden und den Rechtsdatenbanken der EU-Länder.

Die Plattform **gesetze-im-internet** eröffnet ebenfalls den Zugriff auf das Bundesrecht und wird durch eine Titel- und Volltextsuche ergänzt. Bundesgesetze können digital im Bundesgesetzblatt nachgesehen werden. Rechtsverordnungen des Bundes stehen obendrein digital im Bundesanzeiger zur Verfügung.

Die Verwaltungsvorschriften der obersten Bundesbehörden sind auf **verwaltungsvorschriften-im-internet** erfasst. Bundestagsdrucksachen können ab der 8. Wahlperiode auf den Seiten der Datenbank **DIP** Dokumentions- und Informationssystem für Parlamentarische Vorgänge erhoben werden.

Die Bundesländer veröffentlichen ihre Gesetze, Verordnungen und Verwaltungsvorschriften auf eigenen kostenlosen Portalen im Internet.

EUR-lex ist die Datenbank der Europäischen Union. Die Datenbank umfasst die Verträge, das Amtsblatt der europäischen Union, das Gemeinschaftsrecht, die Rechtsprechung zum EU-Recht und Dokumente zum Rechtsetzungsverfahren. Sie reicht teils bis zum Jahr 1951 zurück. Obendrein finden sich aktuelle Pressemitteilungen.

Curia.europa.eu ist die Datenbank des Europäischen Gerichtshofs.[22]

Die **digitallibrary.un** ist die digitale Bibliothek der Vereinten Nationen. Sie eröffnet den Zugang zu Dokumenten, Beschlüssen und Periodika.[23]

Hochschulen unterhalten eigene Publikationsserver wie **OPUS**, auf denen sie an der Hochschule erstellte wissenschaftliche Arbeiten zugänglich machen. Selbst Bachelor- und Masterarbeiten und Dissertationen können eingesehen werden. Die wissenschaftliche Suchmaschine BASE erleichtert die Suche in diesen Publikationsservern.[24]

---

21 Tettinger/Mann (2009) S. 24.
22 Vogel (2020) S. 114 ff. mit Hinweisen auf die Datenbanken weiterer internationaler Organisationen.
23 Vogel (2020) S. 127 ff.
24 Franke u. a. (2014) S. 75 f.

3.3.1.2. Kostenpflichtige Datenbanken

Diese Datenbanken bieten umfangreiche Hilfen bei der Literatursuche. Sie bieten Basis- und Fachmodule an. Ihre Nutzung ist jedoch mit erheblichen Kosten verbunden. Viele Hochschulen und Bibliotheken haben für ihre Nutzer Lizenzen für einzelne Module dieser Datenbanken erworben, die sie ihren registrierten Nutzern kostenfrei zur Verfügung stellen. Wie schon geschildert, kann über DBIS oder direkt online über Bibliothekskataloge in Erfahrung gebracht werden, ob eine kostenfreie Nutzung möglich ist.

Eine umfangreiche und komfortable Literatursuche eröffnen die Online-Datenbanken juris – Das Rechtsportal und beck-online. Sie erlauben eine Recherche nach Stichworten, Namen von Autoren bzw. Herausgebern, Gesetzesnormen und Rechtsprechung. Querverweise zwischen Gerichtsentscheidungen, Kommentaren und Aufsätzen in Fachzeitungen, die sich denselben Fragen widmen, sparen Zeit und Aufwand bei der Recherche. Doch keine dieser Datenbanken kann für sich in Anspruch nehmen, einen vollständigen Überblick zu gewähren. Juris bietet die umfangreichere Rechtsprechungsdatenbank, hingegen gewährt beck-online einen weitergehenden Zugriff auf Kommentare und Fachzeitschriften aus dem C.H. Beck Verlag. Diese Datenbanken liefern in kurzer Zeit eine Fülle von Treffern.

Juris umfasst Gesetzestexte, Verwaltungsvorschriften und Rechtsquellen des nationalen Rechts und des Europarechts, einige Kommentare und Fachzeitungen im Volltext und nahezu alle veröffentlichten Entscheidungen deutscher Gerichte und EU-Rechtsprechung. Dazu zählen die Entscheidungen der Bundesgerichte und wichtige Entscheidungen der Instanzgerichte sowie in Fachzeitschriften veröffentlichte Entscheidungen. Die Mehrzahl der Entscheidungen ist im Volltext zugänglich. Bei Gerichtsentscheidungen ist sowohl der Instanzenzug ausgewiesen als auch später ergangene Entscheidungen, die die fragliche Entscheidung zitieren. Dies eröffnet eine Vorwärtssuche hin zu später ergangenen Entscheidungen und weiterer Literatur, die damit in Zusammenhang stehen.[25]

Beck-online bietet Gesetze und Verwaltungsvorschriften, eine Entscheidungssammlung sowie den Zugriff auf im Beck-Verlag und weiteren angeschlossenen Fachverlagen erschienene juristischen Fachzeitungen, Kommentare und Fachbücher im Volltext. Die Beck-Online Kommentare (Beck-OK) haben gegenüber Print-Kommentaren den Vorteil, dass sie regelmäßig aktualisiert werden und mit anderen in beck-online eingestellten Werken verlinkt sind. Der Hinweis *zitiert in* eröffnet eine Vorwärtssuche zu später ergangenen Gerichtsentscheidungen und Werken, die sich mit demselben Fragenkreis beschäftigen.[26]

Für Studierende mit juristischen Themenbezügen weniger ergiebig sind die nachfolgend kurz erwähnten Datenbanken: Das Wolters Kluwer Online Portal, ehemals Jurion, bietet in erster Linie Informationen für Praktiker in der Rechtsberatung und Verwaltung. Die Aufsatzdatenbanken Jstor und IBZ haben ihren Schwerpunkt in den Geistes- und Sozialwissenschaften. Viele Bibliotheken bieten ihren Nutzern einen kostenfeien Zugang zur Volltextdatenbank Jstor. IBZ erschließt über ein Schlagwortsystem Aufsätze und führt soweit vorhanden zu

---

25 Dornis/Keßenich/Lemke (2019) S. 26; Vogel (2020) S. 28 ff.
26 Dornis/Keßenich/Lemke (2019) S. 7; Vogel (2020) S. 32 ff.; Tettinger/Mann (2009) S. 30.

Abstracts. LexisNexis ist eine kostenpflichtige Wirtschaftsdatenbank, die obendrein Entscheidungen und Aufsätze zum anglo-amerikanischen Recht umfasst. Die kostenpflichtige Volltextdatenbank EBSCO International Services eröffnet mit EBSCO Dach den Zugang zu rechtswissenschaftlichen Dokumenten. Web of Science ist eine kostenpflichtige Literatur- und Zitationsdatenbank. Sie führt zu Hinweisen auf Literatur aller wissenschaftlichen Bereiche. Dokumente werden auf die darin enthaltenen Zitate ausgewertet. Dies erlaubt die Relevanz früher veröffentlichter Werke nachzuvollziehen und deren Fortentwicklung in der wissenschaftlichen Auseinandersetzung zu verfolgen.

3.3.2. Bibliotheken und Verbundkataloge

Die Zeit der Suche in Bibliotheken mittels Zettel- und Karteikästen gehört weithin der Vergangenheit an. Hochschul-, Landes- und Stadtbibliotheken erschließen ihre Bestände über Online-Kataloge. Sollten ältere Bestände noch nicht in den Online-Katalog überführt worden sein, muss im Zettelkasten gesucht werden. Bibliotheken werden zunehmend zu Suchmaschinen weiterentwickelt. Sie sollen automatische Hilfen bei der Recherche und der Zusammenstellung von Literatur bieten. Die großen Bibliotheken greifen schon heute über ihren eigenen Bestand hinaus auf den Bestand anderer Bibliotheken und Datenbanken zu und erlauben die Suche über einen gemeinsamen Suchindex.
Der Online-Katalog der **Deutschen Nationalbibliothek** (DNB) mit Sitz in Frankfurt am Main und Leipzig führt über die Eingabe der Namen von Autoren bzw. Herausgebern oder die Eingabe von Stichworten zu umfangreichen Literaturnachweisen. Die DNB sammelt seit 1913 alle in Deutschland veröffentlichten Medienwerke und die im Ausland in deutscher Sprache veröffentlichten Werke. Sie ist damit eine (National)Bibliografie. Sie ist obendrein eine Präsenzbibliothek mit überwiegend magazinierten Beständen. Ein Verleih findet nicht statt. Selbst wer keine Möglichkeit zur Nutzung vor Ort hat, kann mit den gefundenen Literaturhinweisen die Recherche in anderen Bibliotheken und Medien fortsetzen. Soweit Werke nur in der DNB vorhanden sind, können über den Direktversand der DNB Kopien gegen Entgelt angefordert werden. Ansonsten ist das Werk in einer nahe gelegenen Bibliothek einzusehen, per Fernleihe gegen eine geringe Gebühr bei einer anderen Bibliothek zu bestellen. Der Dokumentenlieferdienst subito liefert Zeitschriftenaufsätze und Teile aus Büchern kostenpflichtig in Kopie und in Einzelfällen per E-Mail als geschützte Datei (z.B. pdf).[27]
Die Staatsbibliothek zu Berlin verfügt mithin über einen der größten Bestände auf dem Gebiet des Rechts. Dort angesiedelt ist der **Fachinformationsdienst** für internationale und interdisziplinäre Rechtsforschung >intR<[2].
Die übers Internet zugänglichen **Online Public Access Cataloques** (OPAC-Kataloge) der Hochschul-, Landes- und Stadtbibliotheken geben einen Einblick in die bei der jeweiligen Bibliothek vorgehaltene Literatur. Über eine Autoren-, Stichwort- und Schlagwortsuche liefern sie Literaturhinweise über die bei ihnen geführte Literatur. Sie informieren darüber, welche Print-Werke ausgeliehen oder als Präsenzexemplare nur in der Bibliothek eingesehen werden können. Soweit

---

27 Brink (2013) S. 103 ff.

der Katalog zu einem Werk das Inhaltsverzeichnis zum Abruf bereithält, kann dessen Lektüre Anhaltspunkte dafür liefern, ob das Werk einschlägig ist und ob es sich lohnen kann, dieses heranzuziehen. Manche Werke sind online im Volltext am Bildschirm abrufbar, was den Blick in das Print-Exemplar ersetzt. Dazu zählen die immer mehr von Verlagen angebotenen E-Books, soweit die Bibliothek über eine Lizenz verfügt. Ist das Werk nicht in der jeweiligen Bibliothek zugänglich, gibt mancher Katalog Hinweise auf andere Bibliotheken, die über das Werk verfügen, das dort eingesehen oder per Fernleihe bestellt werden kann. Zunehmend werden die OPAC-Kataloge zu Suchmaschinen erweitert.

Viele Bibliotheken eröffnen für ihre registrierten Nutzer den Zugriff auf elektronische Datenbanken. Dazu kann der Zugriff auf ansonsten kostenpflichtige online-Datenbanken wie juris und beck-online zählen. Dies ermöglicht eine umfangreiche und detaillierte Recherche.

Viele – aber nicht alle – Bibliotheken haben sich zu **überregionalen Verbundbibliotheken** zusammengeschlossen wie der

- Südwestdeutsche Bibliotheksverbund Baden-Württemberg und Sachsen (SWB),
- Bibliotheksverbund von Nordrhein-Westfalen und Rheinland-Pfalz (HBZ) und
- Gemeinsame Bibliotheksverbund der Länder Niedersachsen, Sachsen-Anhalt, Thüringen, Hamburg, Bremen, Schleswig-Holstein und Mecklenburg-Vorpommern (GBV).

Deren Online-Kataloge gestatten die Suche nach Büchern und Zeitschriften der Verbundpartner. Die Verbundbibliotheken des deutschsprachigen Raums sind wiederum im **Karlsruher Virtuellen Katalog (KVK)** zusammengeschlossen, der eine umfangreiche Online-Literaturrecherche ermöglicht. Die Recherche gibt Hinweise auf Bibliotheken, in denen das Werk bereitsteht oder per Fernleihe bestellt werden kann. Die Suche in Bibliotheks- und Verbundkatalogen wird dadurch erschwert, dass es keine einheitliche Benutzeroberfläche gibt.

WorldCat ist der größte weltweite Verbundkatalog. Das Portal gestattet eine umfangreiche Suche in Bibliotheksbeständen aus über 170 Ländern.

Manche Bibliotheks- und Verbundkataloge – wie die der DNB – weisen bei recherchierten Werken zu solchen mit ähnlichen Titeln hin. Dies erlaubt es, die Suche zu erweitern auf Werke mit ähnlicher Fragestellung.

Kataloge weisen den Bestand von Bibliotheken nach. Eine andere Funktion haben Bibliographien. Bibliographien weisen das Schrifttum nach, das es zu Fachgebieten gibt. Die umfangreichste Rechtsbibliographie ist die **Karlsruher Juristische Bibliographie (KJB)**. Die KJB stellt seit 1965 systematische Nachweise aktuell veröffentlichter Bücher, Beiträge in Fachzeitschriften, und Sammelwerken zusammen und kann zu selbst nicht gängiger Literatur führen. Die Hefte erscheinen in monatlicher Folge. Es ist zuerst erforderlich, Bibliotheken aufzufinden, die die Hefte und Jahresbände der KJB führen. Vor Ort müssen die einzelnen Hefte und Bände durchgesehen werden, um geeignete Literatur aufzufinden. Schließlich muss herausgefunden werden, welche Bibliothek diese Literatur im Bestand hat.

Lehrbücher, Monografien und Kommentare können den Meinungsstand in Literatur und Rechtsprechung nur zum Zeitpunkt ihrer Abfassung wiedergeben. Manche Werke kennzeichnen durch die Angabe *Stand* diese zeitlichen Grenzen nach Jahr und Monat. Neuere Gerichtsentscheidungen und Literatur sind nicht berücksichtigt. Diese sind durch eine Vorwärtssuche zu erschließen.

3.3.3. Fachzeitschriften und Sammelwerke

In den Rechtswissenschaften gibt es eine große und ständig wachsende Zahl von **Fachzeitschriften**. In Fachzeitschriften werden Gerichtsentscheidungen, Urteilsanmerkungen, Aufsätze zum Themenbereich der Fachzeitschrift, Ankündigungen von Fachveranstaltungen und Berichte über Kongresse veröffentlicht. Fachzeitschriften zeichnen sich durch ihre Aktualität aus. Sie befassen sich mit Gesetzesnovellierungen, neuester Rechtsprechung und Besprechung derselben, die erst geraume Zeit später, wenn nicht sogar erst Jahre später, Eingang in Fachbücher finden. Keine Hochschul-, Landes- oder Stadtbibliothek hält alle Titel bereit. Das lassen Menge und Kosten nicht zu. Die kostenpflichtigen Datenbanken juris und beck-online erfassen ebenfalls nur eine Auswahl an Fachzeitschriften.

Aufsätze finden sich ebenfalls in Sammelwerken. Sammelwerke umfassen Aufsätze verschiedener Autoren in gebundener Form. Im Gegensatz zur Monografie gibt es keine Autoren, die das Werk gemeinsam erarbeitet haben. Zu den Sammelwerken zählen Festschriften. Sie werden zu einem konkreten festlichen Anlass herausgegeben. Die Themenauswahl ist am Interesse des Jubilars, am Aufgabenbereich der gefeierten Institution oder dem festlichen Anlass selbst orientiert. Die Suche nach Aufsätzen in Fachzeitungen und in Sammelwerken kann sich mühsam gestalten, da Bibliothekskataloge zumeist nur ausweisen, welche Fachzeitschriften sie im Bestand haben bzw. die Herausgeber des Sammelwerkes bezeichnen.

Die Suche nach Fachzeitungen unterstützt die **Zeitschriftendatenbank (ZDB)**. Sie erlaubt obendrein die Suche nach Bibliotheken, die diese Fachzeitungen im Bestand haben. Wer den Titel einer Zeitschrift eingibt, bekommt eine Zusammenstellung der Bibliotheken, die diese Zeitschrift im Bestand haben. Wer keinen Titel kennt, kann über eine Stichworteingabe die Titel einschlägiger Fachzeitungen ermitteln und bekommt wiederum die Bibliotheken angezeigt, die diese Fachzeitungen führen. Jedoch erlaubt die ZDB nicht die Suche nach einzelnen Aufsätzen. Der Inhalt und das Inhaltsverzeichnis der Zeitschriften können nicht eingesehen werden und die darin enthaltenen Beiträge können nicht ermittelt werden. Eine Bestellung der Zeitschrift per Fernleihe ist in den seltensten Fällen möglich. Es bleibt nur die Einsicht in einer Bibliothek vor Ort. Ist jedoch ein Artikel bekannt, können Kopien mittels Fernleihe oder über den Lieferdienst subito kostenpflichtig bestellt werden.

Hinweise zu elektronischen Publikationen sind in der **Elektronischen Zeitschriftendatenbank (EZB)** erfasst. Die Zeitschriften sind nach Fachgebiet und alphabetisch nach ihrem Namen aufgelistet. Einige Zeitschriften sind im Volltext zugänglich. Ansonsten liefert die EZB Hinweise, welche Bibliothek einen Zugang hat. Viele Inhaltsverzeichnisse und Abstracts können eingesehen werden und erlauben eine Vorauswahl. Ergänzend hierzu weist **Direktory of Open**

Access Journals (DOAJ) Elektronische Zeitschriften nach, die im Internet frei zugänglich und damit kostenfrei sind.[28]
Einfacher geht die Suche, wenn bereits Verfasser und Titel eines Aufsatzes bekannt sind. (Lehr-)Bücher, Kommentare und Gerichtsentscheidungen weisen auf Aufsätze in Fachzeitschriften hin.
Manche Bibliotheks- und Verbundkataloge eröffnen über die Autoren-, Stichwort- und Schlagwortsuche Nachweise zu Aufsätzen in juristischen Fachzeitschriften. So liefert der SWB Online-Katalog unter der erweiterten Suche Treffer zu Artikeln in Fachzeitschriften und Sammelwerken nach Autoren, Stich- und Schlagworten ohne Anspruch auf Vollständigkeit.
Ist nicht bekannt, welche Bibliothek die gefundene Fachzeitschrift führt, ist die Recherche über die ZDB und EZB fortzusetzen. Über die EZB kann festgestellt werden, ob die Zeitschrift im Volltext kostenfrei und online verfügbar ist. Ansonsten liefert die ZDB den Nachweis, ob eine nahe gelegene Bibliothek diese Zeitschrift führt. Führt dies nicht zum Erfolg, kann der Aufsatz in Kopie über einen Dokumentenlieferdienst wie subito kostenpflichtig bestellt werden.
Hilfreich kann für die Suche nach Aufsätzen der bibliographische Katalog **Online Contents Recht (OLC Recht)** sein. OLC Recht wertet über 760 juristische Fachzeitungen nach Autoren und Schlagworten aus. (Verbund-)Bibliotheken wie GBV eröffnen den Zugang zur kostenlosen Recherche in OLC Recht. Die Treffer führen zu Nachweisen zu einschlägigen Artikeln und listen die Bibliotheken auf, die die jeweilige Fachzeitschrift in ihrem Bestand haben. Damit erübrigt sich die Suche in ZDB und EZB. Weiter können Kopien per Fernleihe kostenpflichtig bestellt werden.[29]
Kuselit online ist eine kostenpflichtige Datenbank mit einer umfangreichen Rechtsbibliographie, die Zeitschriften, Sammelwerke, Festschriften und Monografien umfasst, die mit einer Schlagwortsuche durchsucht werden kann. Obendrein sind Entscheidungen der Bundesgerichte in Volltext zugänglich.[30] Kuselit unterhält den Zeitschrifteninhaltsdienst ZID, der wöchentlich Übersichten der Inhaltsverzeichnisse neu erschienener Fachzeitschriften liefert.
Der Fachinformationsdienst für internationale und interdisziplinäre Rechtsforschung >intR<[2] bietet nach Themengebieten sortierte Nachweise zu Zeitschriftenartikeln.

3.3.4. Gesetze und Rechtsprechung

Aktuelle Bundesgesetze kann man online im Bundesgesetzblatt oder den Serviceseiten/Rechtsvorschriften des Bundesministeriums für Justiz unter gesetze-im-internet eruieren. Rechtsvorschriften und Verwaltungsabkommen, die nicht im Bundesgesetzblatt, sondern im Bundesanzeiger veröffentlicht werden, gibt es online beim Bundesanzeiger. Informationen zu Bundesgesetzgebungsarbeiten und Bundestagsdrucksachen finden sich bei **DIP – Das Informationssystem für Parlamentarische Vorgänge auf den Seiten des Bundestags.

---

28 EH/Schütte (2013) S. 55; Brink (2013) S. 87 f.; Franke u. a. (2014) S. 70 ff.; Vogel (2020) S. 26 f., 72 ff.
29 Vogel (2020) S. 77 f.
30 Vogel (2020) S. 78 f.

Unter **parlamentsspiegel.de** sind die laufenden Gesetzesvorhaben der 16 deutschen Landesparlamente nebst allen wichtigen Anträgen und Anfragen aufgeführt.

Gerichtsentscheidungen werden in amtlichen und nichtamtlichen Entscheidungssammlungen sowie in Fachzeitschriften und den elektronischen Datenbanken lexetius.com, dejure.org, juris und beck-online veröffentlicht. In nichtamtlichen Sammlungen und Fachzeitschriften findet sich oftmals nur eine verkürzte Wiedergabe. Kommt es auf diese Entscheidung maßgeblich an, ist anhand des Aktenzeichens und des Datums der Entscheidung die Volltextversion in den amtlichen Entscheidungssammlungen oder unmittelbar beim Gericht aufzusuchen und diese auszuwerten. Eine Gerichtsentscheidung befasst sich immer nur mit einem konkreten Fall, mit seinen tatsächlichen und rechtlichen Besonderheiten. Es geht nicht ohne Weiteres, diese Entscheidung auf andere Sachverhalte zu übertragen und zu verallgemeinern. Die Besonderheiten und die Komplexität des Falles lassen sich häufig nur der Volltextversion entnehmen.

Den Entscheidungen in amtlichen Entscheidungssammlungen und Fachzeitschriften finden sich Leitsätze vorangestellt. Diese Leitsätze geben in knapper Form den wesentlichen Inhalt der Entscheidung wieder. Diese Leitsätze können geeignet sein, eine grobe Zuordnung der Entscheidung zu einer bestimmten Problematik zu erleichtern. Auf die genaue Lektüre von Sachverhalt und Entscheidungsgründen kann gleichwohl nicht verzichtet werden.

Die veröffentlichten Entscheidungen aus der höchstrichterlichen Rechtsprechung lassen sich in chronologisch geordneten amtlichen Entscheidungssammlungen aufsuchen wie

- Entscheidungen des Bundesverfassungsgerichts (BVerfGE)
- Entscheidungen des Bundesgerichtshofs in Zivilsachen (BGHZ)
- Entscheidungen des Bundesgerichtshofs in Strafsachen (BGHSt)
- Entscheidungen des Bundessozialgerichts (BSGE)
- Entscheidungen des Bundesverwaltungsgerichts (BVerwGE)
- Entscheidungen des Bundesfinanzhofes (BFHE)
- Entscheidungen des Bundesarbeitsgerichtes (BAGE)
- Entscheidungen des Bundespatentgerichtes (BPatGE)
- Entscheidungen der Oberlandesgerichte in Zivilsachen (OLGZ).

Aktuelle Entscheidungen und Presseveröffentlichungen der Bundesgerichte gibt es unter dem Namen des jeweiligen Gerichts wie *bundesverfassungsgericht.de.* Hier können die Entscheidungen der Bundesgerichte auf deren Seiten anhand Datum und Aktenzeichen im Volltext nachgelesen werden. Die Entscheidungen des Bundesverfassungsgerichts sind seit 1998 zugänglich, die anderen Bundesgerichte haben erst später ihre Entscheidungen online eingestellt.

Das Bundesministerium der Justiz stellt seit 2010 eine Datenbank **rechtsprechung-im-internet.de** mit Entscheidungen zur Verfügung, die nach Gericht, Aktenzeichen, Datum, Gesetz und Stichwort eine Suche gestattet. Unter *Rechtsprechung weiterer Gerichte* bietet diese einen Zugang zu Entscheidungen der Gerichte auf Landesebene.[31]

---

31 Vogel (2020) S. 63 f.

Zu den nichtamtlichen Entscheidungssammlungen mit systematischem Aufbau zählen
- Buchholz (Hrsg.): digitales Sammel- und Nachschlagewerk der Rechtsprechung des Bundesverwaltungsgerichts, nach Sachgruppen gegliedert seit 1957
- Arbeitsrechtliche Praxis (AP), die Print-Sammlung berücksichtigt neben der Rechtsprechung des Bundesarbeitsgerichts auch Entscheidungen anderer Gerichte mit arbeitsrechtlichem Bezug
- Lindenmaier/Möhring (LM): digitales Nachschlagewerk des Bundesgerichtshofs.

Diese Sammlungen mit systematischem Aufbau sind um bestimmte Problemgruppen, zu bestimmten Stichworten gruppiert. Damit können sie eine eingehende Darstellung der hierzu ergangenen Rechtsprechung nebst einem Ausblick auf sich anschließende Fragestellungen geben.

Eine Auswahl der wichtigsten Entscheidungen des BVerfG, BGH, BVerwG, BFH, BSG gibt es im Volltext unter lexetius.com und dejure.org. Die kostenpflichtigen Online-Datenbanken juris und beck-online verfügen über fast vollständige Volltextversionen der Entscheidungen der Bundesgerichte und wegweisender, instanzgerichtlicher Entscheidungen.

EUR-lex, die Datenbank der Europäischen Union eröffnet die Recherche in den Verträgen der EU, dem Gemeinschaftsrecht, die nationale Umsetzung und die Rechtsprechung zum EU-Recht. Sie reicht teils bis zum Jahr 1951 zurück. Curia.europa.eu ist die Datenbank des Europäischen Gerichtshofs.[32]

3.3.5. Graue Literatur

Als graue Literatur werden die nicht zur Veröffentlichung bestimmten Manuskripte und Schriftstücke von Ministerien, Verbänden und anderen Institutionen sowie Tagungsprotokolle bezeichnet. Diese Materialien sind selten in Bibliotheken zu erhalten. Informationen zu Tagungen, Kongressen, Vorträgen und Workshops gibt der Veranstaltungskalender von <intR>².

Manchmal wird in Fachzeitungen mehr oder weniger kurz darüber berichtet. Unterlagen zu diesen Veranstaltungen sind bei den Institutionen direkt anzufordern oder dort einzusehen. Die Behördenverzeichnisse von Bund und Ländern und das Internet geben Auskunft über die Adressen. Die Erschließung dieser grauen Literatur erfordert reichlich Spürsinn und viel Zeit bei der Recherche. Diese können ergiebige Quellen für Statistiken, Grafiken und Abbildungen sein. Werden diese in der Arbeit verwendet, darf nicht vergessen werden, die Quelle anzugeben.[33] Ergiebige Quellen können obendrein die umfangreichen Archive der Tageszeitungen und Zeitschriften darstellen. Die Benutzung ist mit diesen direkt auszuhandeln. Nicht ohne Weiteres zugänglich sind Gerichts-, Straf- und Verwaltungsakten.

---

32 Vogel (2020) S. 114 ff. und weitere Quellen zum internationalen Recht S. 100 ff.
33 Karmasin/Ribing (2019) S. 106.

3.3.6. Statistiken

Statistiken werden von amtlicher und privater Seite zu vielfältigen Themen erhoben. Private Statistiken finden sich bei Banken, Versicherungen, Krankenkassen und Meinungsforschern.
Unter den amtlichen Statistiken sei das Statistische Jahrbuch des Statistischen Bundesamtes in Wiesbaden neben den Statistischen Jahrbüchern der Länder genannt. Auskunft zu speziellen Statistiken erteilt das Statistische Bundesamt. Die Jahrbücher sind in Bibliotheken und teilweise im Internet zugänglich. Daneben seien genannt:

- Monatsbericht der Deutschen Bundesbank
- Statistische Jahrbücher der Städte und Gemeinden
- Zahlenbericht des Verbandes der privaten Krankenversicherung e. V.
- Eurostat – Mitteilungen aus dem statistischen Amt der EU
- United Nations Statistical Yearbook, das statistische Jahrbuch der Vereinten Nationen
- Sozio-oekonomisches Panel
- Leibnitz-Informationszentrum Wirtschaft (ZBW)
- Leibnitz Institut für Sozialwissenschaften (gesis)
- Deutsches Jugendinstitut e. V.
- Rostocker Zentrum zur Erforschung des Demografischen Wandels.

3.3.7. Literaturauswertung

Die Literatursuche in verschiedenen Datenbanken und Bibliotheken mittels Autorennamen, Titel-Stichworten, Schlagworten und Synonymen führt regelmäßig zu einer hohen Trefferzahl. Die gefundene Literatur ist nach Relevanz und wissenschaftlicher Qualität zu bewerten. Diese Bewertung sollte am besten schon parallel zum Suchvorgang kursorisch erfolgen, um zumindest veraltete, längst überholte oder populärwissenschaftliche, rein informelle Publikationen von vornherein auszusondern, die in der Arbeit keine Berücksichtigung finden können.
Inhaltsverzeichnisse und Kurzbeschreibungen von Büchern und Aufsätzen, Klappentexte von Büchern geben Hinweise auf die Relevanz einer Veröffentlichung. In Fachverlagen erschienene Werke, in Fachzeitungen veröffentlichte Artikel haben das kritische Auge eines Lektorats durchlaufen, was für eine gewisse wissenschaftliche Qualität spricht. Der Name von Autoren oder Institutionen, die hinter einer Veröffentlichung stehen, kann ein weiteres Indiz sein. Die Auseinandersetzung mit anderen Autoren, Meinungen sowie nachprüfbare Belege zu diesen, kann für die Tiefe einer Veröffentlichung sprechen. Rezessionen zu wissenschaftlichen Werken in Zeitschriften liefern Anhaltspunkte zum Inhalt und der Qualität einer Publikation.
Die Aktualität einer Veröffentlichung ist zu hinterfragen. Selbst vor Jahrzehnten veröffentlichte Werke können noch aktuell sein. Das kann sich darin zeigen, dass sich noch viele Jahre später andere Autoren auf dieses Werk beziehen. Jedoch kann sich der zugrunde liegende Sachverhalt oder die Rechtslage geändert haben, neue Probleme, andere Sichtweisen können sich ergeben haben. Deshalb

ist danach zu forschen, ob es neuere Publikationen zu dem Themenfeld gibt. Hierzu eignen sich die Vorwärtssuche in Datenbanken, Google Alerts sowie die Neuerscheinungslisten der Fachverlage. Die Inhaltsverzeichnisse der Fachzeitungen oder der neuesten Ausgaben der KJB sind durchzusehen. Es ist zu prüfen, ob Fachverlage, Fachzeitungen einen Newsletter zu Neuerscheinungen und Inhaltsverzeichnissen zur Verfügung stellen. Manche Bibliotheken stellen Benachrichtigungsdienste – Alerts oder RSS Feeds – über Neuerscheinungen bereit.[34]

Es bietet sich an, das bei der Literatursuche begonnene Rechercheprotokoll zur Dokumentation relevanter Literatur heranzuziehen. Auf diesem ist zu vermerken, ob die bei einem Literaturtreffer angestellten Überlegungen von anderen Autoren oder Gerichten aufgegriffen, fortgeschrieben oder abgelehnt wurden.

In Anbetracht der verschiedenen Informationskanäle zu Fachliteratur in Bibliotheken und elektronischen Datenbanken, mit ihren unterschiedlichen Funktionsweisen und der Reichweite ihrer Angebote, ist es unabdingbar, sich schon mit diesen eingehend vertraut zu machen, bevor mit der wissenschaftlichen Arbeit begonnen wird. Ansonsten laufen die Studierenden Gefahr, dass ihnen die Bearbeitungszeit davon läuft. Ihnen droht, in der Informationsflut unterzugehen oder die vorhandenen Möglichkeiten nicht zu erkennen und optimal auszuschöpfen.

Systematische Suche

	Stichwort + Synonyme	
	Schlagwort + Synonyme	
	Rechtsvorschrift	
	Rechtsprechung	
Online Datenbanken	Autoren-/Herausgebername	Vorwärtssuche
Bibliotheken		
+		⇧
Kommentare		
Lexika		dejure.org
Entscheidungssammlungen		juris
		beck-online
⇩		⇧
Treffer		
zitiert weitere (ältere) Quellen	⇨	Treffer
⇩		
Rückwärtssuche		

---

34 Franke u. a. (2014) S. 77 ff.

4. Die Manuskriptteile

Wissenschaftliche Arbeiten setzen sich aus verschiedenen Teilen unterschiedlichen Umfangs zusammen. Hierzu können die folgenden Teile gehören:
1. Vorspann mit
   - Titelseite
   - Vorwort und Sperrvermerk *soweit erforderlich*
   - Abstract *soweit erforderlich*
   - Inhaltsverzeichnis
   - Abbildungs- und Tabellenverzeichnis *soweit erforderlich*
   - Abkürzungsverzeichnis *soweit erforderlich.*
2. Textteil mit
   - Einleitung
   - Hauptteil
   - Schlussteil.
3. Nachspann mit
   - Anlagenverzeichnis und Anlagen *soweit erforderlich*
   - Glossar *soweit erforderlich*
   - Rechtsprechungsverzeichnis *soweit erforderlich*
   - Literaturverzeichnis oder im *Vorspann* vor dem Textteil
   - eidesstattliche Erklärung.

Manche Autoren empfehlen die Erstellung weiterer Verzeichnisse zu Gesetzen und Verordnungen. Dies hat sich nicht durchgesetzt.

Nur bei einer Doktorarbeit kann ein Stichwortregister angezeigt sein, das seinen Platz im Nachspann vor der eidesstattlichen Versicherung hat. Zu Doktorarbeiten gehört obendrein ein Lebenslauf am Ende der Arbeit.

Auf den folgenden Seiten sollen die einzelnen Teile, ihr Umfang und ihre Bedeutung kurz vorgestellt werden.

4.1. Titelseite

Die Titelseite einer wissenschaftlichen Arbeit soll zum weiteren Lesen einladen. Sie besteht aus Angaben zu
- Hochschule, an der die Arbeit eingereicht wird
- Studiengang und Fachrichtung
- Bezeichnung der Art der wissenschaftlichen Arbeit und bei Abschlussarbeiten, zur Erlangung welchen Hochschulgrades diese eingereicht wird
- Name und Adresse des Verfassers, nach dem Hinweis: vorgelegt von
- Matrikelnummer
- Name der Gutachter mit akademischen Graden
- vollständiger Titel der Arbeit mit Untertitel, soweit ein Untertitel zur Präzisierung gewählt wird
- Thema der Seminarveranstaltung, in deren Rahmen die Bearbeitung erfolgt
- Studienjahr der Bearbeitung.

Die Titelseite hat sich auf eine Seite zu beschränken. Eine Seitenzahl wird nicht auf der Titelseite angebracht. Es ist wie bei einem Buchwerk darauf zu achten, die Titelseite nicht mit überflüssigen Angaben ihres prägnanten Aussagewertes zu berauben. Sie ist die Visitenkarte und das Aushängeschild der Arbeit. Sie ist die Seite, die jeder liest.

HOCHSCHULE FÜR ÖFFENTLICHE VERWALTUNG UND FINANZEN LUDWIGSBURG

Markenbildungsprozesse im Stadtmarketing

Bachelorarbeit

zur Erlangung des Grades eines Bachelor of Arts (B.A.) im Studiengang gehobener Verwaltungsdienst – Public Management

vorgelegt von

Hannes Mustermann
Hauptstraße 100
70000 Stuttgart
Matrikel-Nr. XXXX

Studienjahr 2021/2022

Gutachter: ....

4.2. Vorwort und Sperrvermerk

Werden in der Arbeit vertrauliche Daten einer Person oder einer Organisation verwendet, die der Öffentlichkeit nicht zugänglich gemacht werden sollen, ist dies durch einen Sperrvermerk kenntlich zu machen. Es empfiehlt sich, den Sperrvermerk vor dem Vorwort auf einem Extrablatt anzubringen. Für Seminararbeiten werden solche vertraulichen Daten regelmäßig nicht zur Verfügung gestellt. Der Sperrvermerk kann lauten:
Die …arbeit enthält vertrauliche Daten von … Veröffentlichungen oder Vervielfältigungen sind ohne ausdrückliche Genehmigung von … nicht gestattet. Die Arbeit ist nur den Gutachtern und den Mitgliedern des Prüfungsausschusses und dem Prüfungsamt zugänglich zu machen.
Ein Vorwort ist bei einer wissenschaftlichen Arbeit nicht erforderlich. Wer sich für ein Vorwort entscheidet, muss dieses kurz fassen. Langatmige und schwülstige Danksagungen sind zu vermeiden. Eine Seite sollte genügen. Im Vorwort kann das besondere Anliegen genannt werden, das mit der Anfertigung der Arbeit verfolgt wird. Es können besondere Schwierigkeiten beschrieben werden, die bei der Anfertigung der Arbeit auftraten. Es kann auf die Unterstützung durch Behörden, Betriebe, Archive und Einzelpersonen hingewiesen werden. Widmungen kommen allenfalls in Doktorarbeiten vor.
Das Vorwort ist im Gegensatz zur Einführung vor dem Hauptteil der Arbeit nicht Bestandteil des Textteiles der Arbeit.

4.3. Abstract

Manche Prüfungsordnungen schreiben vor, dass eingangs der Arbeit ein Abstract, auch Management Summary oder Kurzzusammenfassung genannt, zu erstellen ist. Häufig ist dieses in englischer Sprache abzufassen. Dies gilt insbesondere für Dissertationen. Dieses hat seinen Platz vor oder nach einem Vorwort. Es soll dem Leser eine Orientierung über den Inhalt der Arbeit und ihre Relevanz geben. Dem Leser sollen die Fragestellung und das Ziel der Arbeit, das Vorgehen und die Methodenwahl und die gewonnenen Ergebnisse in knapper Form vermittelt werden.[35] Ein Abstract darf nicht mehr als eine halbe Seite und maximal eine Seite umfassen. Abstracts finden sich zunehmend in den Online-Katalogen der Bibliotheken, der Literaturdienste und der Publikationsserver der Hochschulen. Sie ermöglichen eine erste Einschätzung zu Inhalt und Relevanz einer Publikation.

4.4. Inhaltsverzeichnis und Seitenangaben

Im Inhaltsverzeichnis finden sich die einzelnen Teile und Gliederungspunkte der Arbeit mit Seitenangaben. Das Inhaltsverzeichnis ist der Schlüssel zur Arbeit und muss die Grobstruktur des Inhalts widerspiegeln. Es ist das verkleinerte

---

35 Kropp (2010) S. 71; Manschwetus (2020) S. 182; Voss (2019) S. 129 f.

Spiegelbild der Arbeit. Die exponierte Stellung am Beginn der Arbeit lohnt den Aufwand einer anspruchsvollen Gestaltung, einer durchdachten Gliederung und prägnanter Aussagen in den Überschriften.
Auf dem linken Teil der Seite werden die einzelnen Teile der Arbeit aus dem Vor- und Nachspann und die Gliederungspunkte des Textteils mit ihren Überschriften in der jeweiligen Reihenfolge aufgeführt, auf dem rechten Teil der Seite stehen die entsprechenden Seitenangaben. Genannt werden die Seiten, auf denen die Gliederungspunkte beginnen. Genannt wird nur die Anfangsseite und nicht die Endseite. Eine typografische Hervorhebung der Hauptgliederungspunkte oder das Einrücken der Untergliederungen erhöht die Übersichtlichkeit.

Die für die Einteilung der Arbeit verwendeten Begriffe wie Vorspann, Textteil, Nachspann oder Einleitung, Hauptteil, Schlussteil dürfen als Überschriften im Inhaltsverzeichnis nicht auftauchen. Es handelt sich bei diesen Begriffen um formale Einteilungskriterien. Sie stehen hinter der Einteilung, aber nicht im Inhaltsverzeichnis und nicht in den Überschriften. An ihrer Stelle müssen aussagefähige Überschriften gewählt werden, die den Inhalt wiedergeben. Sätze, Aufzählungen und Fragen sind zu vermeiden. Überschriften enden ohne Satzzeichen.
Die Titelseite und das Inhaltsverzeichnis selbst werden im Inhaltsverzeichnis nicht aufgeführt. Aufgenommen werden neben dem Vorwort und Sperrvermerk, dem Abbildungs-/Tabellen- und Abkürzungsverzeichnis alle dem Inhaltsverzeichnis nachfolgenden Teile der Arbeit.
Zur Seitenzählung hat sich kein einheitlicher Standard herausgebildet. Einhellige Meinung ist nur, dass auf der Titelseite keine Seitenangabe vermerkt wird. Manche Autoren zählen mit der Titelseite beginnend aufsteigend arabisch durch. Andere verwenden für den Vorspann römische Zahlen, während der Textteil und der Nachspann arabische Seitenzahlen erhalten. Der Textteil, der Kern der Arbeit, beginnt bei diesen mit Seite 1. Im Nachspann wird die Seitenzählung des Textteils mit arabischen Zahlen fortgesetzt.[36] Diese Gestaltung ist für die Studierenden am einfachsten und übersichtlichsten zu handhaben. Dies gilt insbesondere, wenn auf Anlagen im Anhang verwiesen wird. Selten anzutreffen ist die Zählweise mit römischen Zahlen im Vorspann, die im Nachspann in römischen Zahlen fortgesetzt wird, während der Textteil arabische Zahlen erhält.

Für die nach der Prüfungsordnung zulässige maximale Seitenzahl beginnt die Zählung mit dem Textteil der Arbeit ohne den Vor- und Nachspann. Vor- und Nachspann zählen nicht mit zur maximalen Seitenzahl.

4.5. Abbildungs- und Tabellenverzeichnis

Abbildungen dienen der Visualisierung von Gedanken. Sie stellen Zusammenhänge und Abläufe optisch prägnant dar und lockern die in rechtswissenschaftli-

---

36 Bänsch/Alewell (2020) S. 115; Brink (2013) S. 166; Gerstmann (2021) S. 100; Putzke (2021) S. 55; Möllers (2021) S. 183 f.; Tettinger/Mann (2009) S. 241; Theisen (2021) S. 179.

chen Arbeiten üblichen *Bleiwüsten im Blocksatz* auf und tragen zur Übersichtlichkeit und Verständlichkeit bei. Abbildungen prägen sich beim Leser ein: *Ein Bild sagt mehr als tausend Worte.* Schaubilder und Organigramme zeigen Zusammenhänge und Abläufe auf. Schemata reduzieren komplexe Vorgänge. Tabellen erlauben die übersichtliche Darstellung von quantitativen Zahlenwerken und qualitativen Merkmalen. Die anschauliche und einprägsame, selbsterklärende Gestaltung von Tabellen, Grafiken und Schaubildern stellt eine wissenschaftliche Eigenleistung dar. Von inhaltsleeren Abbildungen, wiederholten Darstellungen auch in unterschiedlicher Form und erläuterungsbedürftigen Abbildungen ohne Hinweise ist Abstand zu nehmen.[37]

Für jede Abbildung und jede Tabelle im Textteil ist eine laufende Nummer und eine Kurzbezeichnung zu vergeben, die über der Darstellung zu platzieren ist. Diese laufende Nummer und die dazu gehörende Kurzbezeichnung stehen auf dem linken Teil der Seite des Verzeichnisses. Gegenüber dieser Angabe befindet sich auf dem rechten Teil der Seite die entsprechende Seitenangabe. Das Abbildungs- und Tabellenverzeichnis erübrigt sich, soweit keine Abbildungen und Tabellen verwendet werden, wie zumeist in Seminararbeiten.

Werden viele Abbildungen und Tabellen in der Arbeit verwendet, sind jeweils ein gesondertes Abbildungs- und ein Tabellenverzeichnis zu erstellen. Sind es nur wenige, kann ein gemeinsames Abbildungs- und Tabellenverzeichnis, auch Darstellungsverzeichnis genannt, genügen. Die Verzeichnisse benennen alle im Textteil aufgenommenen Abbildungen und Tabellen mit den dafür verwendeten Kurzbezeichnungen und Nummern. Nicht aufzunehmen sind die im Anhang befindlichen Abbildungen und Tabellen.

4.6. Abkürzungsverzeichnis

Im Abkürzungsverzeichnis müssen die in der Arbeit verwendeten Abkürzungen erläutert werden. Zunehmend werden die allgemeinüblichen und allgemeinverständlichen Abkürzungen wie *u. a.*, *bzw.* nicht mehr ins Abkürzungsverzeichnis aufgenommen. Ein Abkürzungsverzeichnis sollte nur angelegt werden, wenn mehr als fünf Abkürzungen in der Arbeit verwendet werden.

Verwendet werden sollen in wissenschaftlichen Arbeiten nur die im Allgemeinen und in der Fachliteratur gebräuchlichen Abkürzungen. Abgekürzte Schreibweisen, wie in Gesetzeskommentaren üblich, zählen nicht hierzu. Diese ungebräuchlichen Abkürzungen stören den Lesefluss und das Verständnis. Der erzielte Platzgewinn darf nicht auf Kosten der Lesbarkeit gehen. Auf eigene Schöpfungen ist ganz zu verzichten. Zulässig sind Abkürzungen für Kommentare im Textteil, damit die Belegstellen nicht aufgebläht werden, wie z. B. MK für Münchener Kommentar.

Abkürzungen müssen in einer wissenschaftlichen Arbeit einheitlich verwendet werden.

Für die üblichen Abkürzungen gibt es eigens Fachbücher wie aus dem Duden-Verlag. Sachdienliche Hinweise liefern die Abkürzungsverzeichnisse der Stan-

---

37 Schenk (2005) S. 129, 188; Theisen (2021) S. 172 ff.

dardlehrbücher und der großen Fachzeitungen. Nicht jede Abkürzung endet mit einem Punkt.
Ins Abkürzungsverzeichnis einer wissenschaftlichen Arbeit gehören fachspezifische Abkürzungen von
– Gerichten wie AG, LG, OLG, BGH, VerwG, VGH, OVG
– Entscheidungssammlungen wie BVerfGE, BGHZ, BVerwGE
– Fachzeitschriften wie NJW, MDR, DÖV
– Gesetzesabkürzungen wie BGB, VwVfG, VwGO, ZPO
– Drucksachen von Bundesrat und Landtag wie BT-Drs.
Die Abkürzungsformel steht im Abkürzungsverzeichnis auf dem linken Teil der Seite. Auf dem rechten Teil der Seite, der Abkürzungsformel gegenübergestellt, findet sich die ausgeschriebene Fassung.
Abkürzungen müssen beim ersten Gebrauch im Textteil in runden Klammern erläutert werden. Dies gilt nicht für allgemein übliche und allgemeinverständliche Abkürzungen (bzw.), gebräuchliche abgekürzte Eigennamen (ZDF) und standardisierte Abkürzungen der jeweiligen Fachsprache (BGB; BVerfG).

4.7. Einleitung

Die Einleitung ist im Gegensatz zum Vorwort ein Element des Hauptteils der Arbeit. Sie hat die Funktion, die Leserschaft auf das Thema und seine Bearbeitung vorzubereiten. Sie soll Interesse an der weiteren Lektüre der Arbeit wecken und den Rahmen der Arbeit abstecken, um dem Leser eine Vorstellung zu verschaffen, was folgen wird.
Als Überschrift sollte ein anderer Begriff als Einleitung gewählt werden. Die Überschrift sollte eine Aussage zum Inhalt der Einleitung enthalten wie Problemstellung, Fragestellung, Gang der Untersuchung oder Untersuchungsgegenstand. Einführung als Überschrift kommt nur als Notlösung in Betracht.
Die Einleitung bietet Platz für eine Einführung in die Geschichte des Themas oder erlaubt, anhand eines aktuellen Ereignisses die Bedeutung des Themas aufzuzeigen. Es kann eine Vorstellung des Themas erfolgen und eine Abgrenzung zu verwandten Fragestellungen. Es bietet sich an, den Gang der Bearbeitung zu erläutern oder die der Gliederung zugrunde liegenden Überlegungen darzustellen.
Es ist am Anfang der Arbeit, ob nun in der Einleitung oder zu Beginn des Hauptteils, das erkenntnisleitende Interesse, die hinter der Arbeit stehende **Forschungsfrage** und damit das Ziel und der Zweck der Arbeit herauszuarbeiten und darzustellen, wie im Kapitel zur Themenwahl erläutert.[38] Damit sollen falsche Erwartungen verhindert werden, die der Leser mit dem Titel der Arbeit verknüpft. Die Forschungsfrage ist die übergeordnete Idee der Arbeit, der sich der Bearbeiter verschrieben hat. Es ist die Idee, die hinter dem Thema steht, das im Thema zum Ausdruck kommen soll und das Ziel, das der Bearbeiter zu erreichen sucht.

---

38 Brandt (2016) S. 77 ff.; Franck (2013) S. 60, 68 f.; Lehmann (2019) S. 5; Einzelheiten zur Forschungsfrage unter 2. *Die Themenwahl.*

Die Forschungsfrage bildet den Leitfaden für den Gang der folgenden Darstellung. Nur was deren Erarbeitung dient, was Schritt für Schritt auf dieses Ziel zuführt, gehört in den Hauptteil der Arbeit. Alles was nicht dazu gehört, muss weggelassen werden. Diese bestimmt die Arbeitsschritte, die von der Fragestellung zum Ergebnis der Arbeit führen und damit den inneren Aufbau und die äußere Gliederung. Sie muss sich als roter Faden durch die Arbeit ziehen. Die Erläuterung der Forschungsfrage hilft dem Bearbeiter und dem Leser, den roten Faden nicht zu verlieren. Diese leitende und eingrenzende Funktion kann die Forschungsfrage nur erfüllen, wenn sie zu Beginn der Arbeit und am besten in der Einleitung dargestellt wird.

Hinweise zur Gliederung spiegeln Aufbau und Schwerpunkte der Arbeit wider und haben damit eine verständnisfördernde Funktion. Es erleichtert dem Leser das Verständnis der Arbeit, wenn von vornherein eine Vorstellung besteht, welche Überlegungen der Gliederung zugrunde liegen, welche Schwerpunkte die Arbeit aufweist und wie diese zusammenhängen. Deshalb empfiehlt es sich, die Überlegungen zur Gliederung, den Gang der Untersuchung in der Einleitung zu erläutern. Dies darf jedoch nicht mit einem bloßen Nacherzählen der Gliederung verwechselt werden.[39] Diese kann im Inhaltsverzeichnis nachgelesen werden.

In der Einleitung oder zu Beginn des Hauptteils der Arbeit sind thementragende Begriffe, sog. Schlüsselbegriffe, zu definieren, damit Missverständnisse und Unklarheiten über den Untersuchungsgegenstand vermieden werden. Es ist darauf zu achten, dass die Begriffe durchgehend in dem definierten Sinn verwendet werden. Finden sich dieselben Begriffe in fremden Werken und sollen diese Werke herangezogen werden, ist zu untersuchen, ob der Verfasser den Begriffen dieselbe Bedeutung zugewiesen hat oder etwas anderes darunter versteht. Ansonsten sind die Unterschiede in der Begriffsverwendung hervorzuheben. Begriffe, die erst im Verlauf der Arbeit auftauchen, sind im jeweiligen Zusammenhang zu definieren.[40]

Die Einleitung sollte mindestens folgenden Gesichtspunkten Rechnung tragen:
- Hinführung zum Thema und dessen Abgrenzung
- Erläuterung des erkenntnisleitenden Interesses, der Forschungsfrage
- Erläuterung der Schwerpunkte der Gliederung
- Definition der thementragenden Begriffe, soweit erforderlich.

Die Einleitung hat eine sehr umfassende Aufgabe zu erfüllen und darf deshalb viel Raum einnehmen. Das steht nicht im Widerspruch zu der Aussage, dass die Einleitung prägnant sein soll. Sie hat eine umfassende Aufgabe in prägnanter Weise zu erfüllen, ohne den Hauptteil der Arbeit schon vorweg zu nehmen. Deshalb kann es im Einzelfall empfehlenswert sein, sie weiter zu untergliedern. Es ist schon frühzeitig mit der Formulierung der Einleitung zu beginnen, auch wenn im Zuge der weiteren Bearbeitung sich Änderungen, Ergänzungen ergeben können.

---

39 Theisen (2021) S. 135.
40 Franck (2013) S. 35; Kropp (2010) S. 50; Lehmann (2019) S. 39.

4.8. Hauptteil

Der Hauptteil beinhaltet die schrittweise und eingehende Erarbeitung des Themas. Seine Problematik wird entwickelt und einer Lösung zugeführt. Hierzu ist bei juristischen Problemstellungen zumeist eine Auseinandersetzung mit der einschlägigen Rechtsprechung und Literatur erforderlich. Die Ansicht von Rechtsprechung und Literatur ist durch Zitate zu belegen. Die Auseinandersetzung erfolgt durch Abwägung der für und gegen jede Ansicht sprechenden Argumente. Ist eine Lösung erarbeitet, gehört es dazu, die hieraus erwachsenden Konsequenzen darzustellen. Zur Abrundung des Themas gehörige Fragestellungen sind einzuarbeiten, soweit sie noch zum Thema gehören. Der Aufbau des Hauptteils hat sich am Ziel einer aus sich heraus verständlichen Darstellung der Problematik zu orientieren. Der Hauptteil bedarf in sich wiederum einer eingehenden gedanklichen Gliederung. Der gedanklichen Gliederung hat eine äußere Gliederung in Abschnitte mit eigenen Überschriften zu entsprechen. Die verschiedenen Gliederungspunkte sind durch geeignete Übergänge und Erläuterungen so zu verbinden, dass der Leser ihren inneren Zusammenhang erkennen kann. Jeder Gliederungspunkt muss gedanklich auf dem vorhergehenden aufbauen, in einem inneren Zusammenhang mit diesem stehen. Dieser innere Zusammenhang gewinnt Konturen, wenn eine kurze Erläuterung diesen Zusammenhang explizit ausspricht und eine Überleitung erfolgt. Studierende neigen dazu, eigene Ansichten und Wertungen zur herrschenden Meinung in Literatur und Rechtsprechung oder der Verwaltungspraxis erst im Schlussteil zu bringen. Damit geht der Zusammenhang zu den Ausführungen im Hauptteil verloren. Die eigenen Gedanken erhalten nicht den ihnen zukommenden Stellenwert. Im Schlussteil kann der Verfasser sie nicht mehr vertieft betrachten und auf ihre Konsequenzen hin untersuchen. Deshalb ist es vorzuziehen, diese eigenen Ansichten, Wertungen und Feststellungen und die hieraus entwickelten, weiterführenden Gedanken in den Hauptteil aufzunehmen. Der Schlussteil kann sich dann auf eine Zusammenfassung der Ergebnisse oder einen Ausblick beschränken.

4.9. Schlussteil

Der Schlussteil der Arbeit rundet diese ab.[41] Er kann eine rückblickende thesenartige Zusammenfassung des Hauptteils oder eine zusammenfassende Bewertung der gewonnenen Ergebnisse beinhalten. Es kann ein Ausblick in die sich zukünftig abzeichnende Entwicklung der abgehandelten Problematik unternommen werden. Ein Hinweis auf sich daraus eröffnende weiterführende Fragestellungen, rechtspolitische Erwägungen und Forschungsbedarf kann angezeigt sein. Der Schlussteil sollte eine zusammenfassende explizite Antwort auf die in der Einführung aufgeworfene Fragestellung, das als roter Faden durch die Arbeit führende erkenntnisleitende Interesse, geben. Leser und Gutachter sollen den

---

41 Brandt (2016) S. 134; Schenk (2005) S. 190; einschränkend Franck/Stary (2013) S. 153 hält einen Schlussteil für entbehrlich, wenn dieser nur Wiederholungen enthält.

Eindruck gewinnen, dass alles Wesentliche gesagt ist, nichts offen geblieben ist und der Kreis der Fragen und Gedanken sich geschlossen hat, das erkenntnisleitende Interesse befriedigt und die in der Einleitung aufgeworfene Fragestellung beantwortet wurde. Einleitung und Schlussteil müssen zusammenpassen. Auf den Schlussteil ist besondere Mühe zu verwenden, damit er diese Funktion der Abrundung erfüllen kann.

Die Überschrift des Schlussteils sollte die nichts sagende Bezeichnung als Schlussteil vermeiden. Die Überschrift kann dem Inhalt entsprechend lauten: *Zusammenfassung, Résumé, Ausblick, Rückblick.*

4.10. Glossar

Die in der Arbeit verwendeten technischen Fachausdrücke und Fremdwörter bedürfen der Erläuterung im Glossar. Ein Glossar ist nur anzulegen, soweit in der Arbeit mehrere solcher Begriffe vorkommen. Haben nur wenige Fachausdrücke und Fremdwörter Aufnahme in die Arbeit gefunden, empfiehlt es sich, diese im Textteil unmittelbar beim Begriff zu erläutern. Soweit es dem Verständnis förderlich ist, sollte der Verfasser den Begriff ohnehin im Textteil angemessen umreißen. Werden zu viele Fremdwörter verwendet, kann dies ein Hinweis darauf sein, dass mit diesen Begriffen zu großzügig verfahren wurde. Bei manchen Themen lassen sich Fachausdrücke und Fremdwörter jedoch nicht vermeiden. Eine Arbeit zum Handelsrecht kommt kaum ohne den kaufmännischen Fachjargon aus.

Dem Fachausdruck auf dem linken Teil der Seite ist auf dem rechten Teil der Seite eine prägnante Umschreibung gegenüber zu stellen. Fremdwörterbücher geben Hinweise auf gängige Umschreibungen.

4.11. Anlagenverzeichnis und Anlagen

Den Anhang bilden die Anlagen. Diesen sollte ein Anlagenverzeichnis vorangestellt werden, wenn der Anhang eine Vielzahl von Anlagen umfasst.[42] Hierher gehören Unterlagen, die für die Entwicklung und Belegung der Arbeit bedeutsam sind, gleichwohl wegen ihres Umfangs im Textteil der Arbeit keine Aufnahme finden können oder für das Verständnis im Textteil nicht zwingend erforderlich sind. Die Platzierung der Anlagendokumente im Hauptteil hat andererseits den Vorteil, dass für den Leser der Zusammenhang gewahrt bleibt und kein umständliches Hin- und Herblättern erforderlich ist, das dem Lesefluss und Verständnis abträglich ist.

Umfangreiche Tabellen, Fragebögen, Auswertungen, Statistiken, Interviews und Korrespondenzen eignen sich für den Anhang, damit sie nicht den Hauptteil „sprengen". Soweit Tabellen und Abbildungen in den Anhang gestellt werden, dürfen sie nicht in das Tabellen- und Abbildungsverzeichnis aufgenommen werden.

---

42 Theisen (2021) S. 179; Manschwetus (2020) S. 177 platziert das Anlagenverzeichnis in den Vorspann.

Jede Anlage ist mit einer Nummer und einem Titel, einer Überschrift zu versehen. Diese sind in die Seitenzählung der Arbeit aufzunehmen und durchgehend zu nummerieren. Werden Unterlagen in den Anhang gestellt, ist im Textteil der Arbeit, in dem es um diese Unterlagen geht, ein exakter Verweis auf die Anlagen im Anhang mit der jeweils vergebenen Nummer, der Überschrift und der Seitenangabe anzubringen. Im Anlagenverzeichnis ist die Nummer der Anlage und deren Überschrift der Seitenangabe gegenüberzustellen.

Es ist in studentischen Arbeiten die Tendenz zu beobachten, eine Vielzahl von Anlagen ohne Rücksicht auf den Inhalt und deren Aussagekraft aufzunehmen. Dies geht bei vielen Studierenden so weit, dass der Anlagenteil den Textteil bei weitem übertrifft. Dabei bleibt die Frage außer Betracht, ob die einzelne Anlage überhaupt notwendig ist, eine eigenständige inhaltliche Aussage enthält und den Inhalt der Arbeit ergänzt. Es entsteht beim Leser und Gutachter der Eindruck, dass der Verfasser Wesentliches von Unwesentlichem nicht zu unterscheiden vermag und durch substanzlose Masse Fülle erzeugen will, die ohne inhaltliche Aussage ist.

Nicht in den Anhang gehören Rechtsvorschriften und Gerichtsentscheidungen, die in Fachzeitungen oder Entscheidungssammlungen zugänglich sind. Auch Aufsätze aus Fachzeitschriften sind nicht in den Anhang aufzunehmen. Der Leser kann sie dort selbst nachlesen. Es genügt das Zitat der Quelle im Hauptteil der Arbeit. In den Anhang gehören historische Rechtsquellen oder schwer zu beschaffende ausländische Gesetzestexte sowie völkerrechtliche Vereinbarungen, die nicht ohne Weiteres bekannt und zugänglich sind.

In den Anhang gehören Materialien aus dem Internet oder aus Rechtsprechungsdatenbanken, auf die im Textteil der Arbeit Bezug genommen wurde, die nicht ständig und frei zugänglich sind. Um den Anhang überschaubar zu halten, sollte bei Internetquellen geprüft werden, ob diese nicht anderweitig belegt werden können oder ein Auszug genügt.

Der Anhang wird zur maximalen Seitenzahl nach der Prüfungsordnung nicht mitgerechnet.

Das Anlagenverzeichnis kann im Vorspann nach dem Inhaltsverzeichnis und dem Abbildungs- und Tabellenverzeichnis Aufnahme finden. Von den meisten Autoren wird das Anlagenverzeichnis im Nachspann den Anlagen vorangestellt. Im Inhaltsverzeichnis genügt der Hinweis Anhang mit Seitenangabe, ohne dass die einzelnen Teile benannt werden müssen.[43]

4.12. Rechtsprechungsverzeichnis

Rechtsprechungsverzeichnisse werden zumeist nur in Dissertationen verlangt, wenn in großer Zahl Gerichtsentscheidungen zitiert werden. Sie haben ihren Platz zumeist vor dem Literaturverzeichnis im Nachspann. Im Rechtsprechungsverzeichnis sind zu nennen:
- Name des Gerichts
- Art der Entscheidung

---

43 Schenk (2005) S. 191 f.

- Datum der Entscheidung
- Aktenzeichen
- Fundstelle.

Diese Angaben sind zur Recherche in Bibliotheken und elektronischen Medien erforderlich. Soweit die Entscheidung in einer amtlichen Entscheidungssammlung veröffentlicht wurde, ist diese bevorzugt als Fundstelle anzugeben. Entscheidungen sind oftmals in verschiedenen Fachzeitungen zumeist in abgekürzter Form abgedruckt. Es ist empfehlenswert, die am ehesten zugängliche Fachzeitschrift als Fundstelle zu bezeichnen. Werden mehrere Fundstellen für eine Entscheidung angegeben, ist deutlich zu machen, dass es sich um dieselbe Entscheidung handelt. Ist die Entscheidung in einer Datenbank aufgeführt, ist diese als Fundstelle anzugeben. Soweit die Entscheidung nicht veröffentlicht wurde, ist dies zu vermerken.

4.13. Literaturverzeichnis

Das Literaturverzeichnis ist ein Spiegel für Aktualität, Umfang und Sorgfalt der Literaturrecherche. Es ist ein Indiz für den wissenschaftlichen Anspruch einer Arbeit.

Das Literaturverzeichnis wird zumeist im Nachspann nach dem Glossar und dem Anhang verortet.[44] Wird es jedoch in den Vorspann aufgenommen, können sich Leser und Gutachter noch vor Lektüre des Hauptteils einen ersten Eindruck über die Aktualität und Vollständigkeit der Literaturauswertung verschaffen.

Verfasser einer wissenschaftlichen Arbeit müssen sich mit den Anforderungen eines Literaturverzeichnisses, dessen Aufgabe und Gestaltung vertraut machen, bevor sie mit der Literaturrecherche beginnen. Sie müssen wissen, was in das Literaturverzeichnis gehört. Diese Angaben sind bei der Literaturrecherche festzuhalten, damit sie später zum Literaturverzeichnis zusammengeführt werden können.

Dieser Angaben bedarf es obendrein zur korrekten Zitierweise der in der Arbeit verwendeter Literatur. Die Zitierweise ist mit dem Literaturverzeichnis abzustimmen. Diese Abstimmung kann nur erfolgen, wenn vor der Zitierweise im Textteil der Arbeit geklärt ist, was ins Literaturverzeichnis gehört und worauf bei der Zitierweise zurückgegriffen werden kann. Deshalb wird die Gestaltung des Literaturverzeichnisses an dieser Stelle eingehend erläutert, da es für die Zitierweise unter 8. *Der wissenschaftliche Standard* maßgeblich ist.

In das Literaturverzeichnis gehören nur Werke, aus denen in der Arbeit zitiert wurde. Wird weitere einschlägige Literatur aufgenommen, führt dies dazu, dass das Literaturverzeichnis ausgeweitet wird und die Arbeit so mehr verspricht, als sie zu halten vermag. Nicht in das Literaturverzeichnis gehören:
- Drucksachen von Bundestag und Bundesrat
- Gesetzesblätter und Gesetzessammlungen

---

44 Brink (2013) S. 178.

– Gerichtsentscheidungen in Entscheidungssammlungen, Fachzeitschriften und Online-Datenbanken.

Als nicht wissenschaftlich und damit nicht zitierfähig gelten wikipedia, Skripte, Lehrbücher, Zeitungen und Magazine. Ausnahmsweise können diese Werke relevante Informationen vermitteln, die einem wissenschaftlichen Standard genügen. Fremdsprachige Werke sind in der jeweiligen Sprache aufzunehmen.

Für die Gestaltung des Literaturverzeichnisses sind gewisse Darstellungsweisen üblich, ohne dass jedoch eine einheitliche oder verbindliche Darstellungsweise anzutreffen ist. Im Zweifel hilft die Frage nach dem Zweck eines Literaturverzeichnisses weiter: Es soll gewährleisten, dass die Literatur so eindeutig bezeichnet wird, damit Gutachter und Leser sie ohne Weiteres auffinden und nachlesen können. Es hängt von der Art der Publikation ab, welche Angaben ins Literaturverzeichnis aufzunehmen sind. Für Monographien bedarf es anderer Angaben als für Aufsätze in Fachzeitschriften.

Es gibt eine Reihe von Literaturverwaltungsprogrammen wie Citavi und End-Note, die die Literatursuche in Online-Datenbanken erleichtern. Sie erfassen die bibliographischen Daten der gefundenen Dokumente und erstellen hieraus automatisch das Literaturverzeichnis. Heruntergeladene Dokumente und bibliographische Daten können verknüpft werden. Es bedarf jedoch einiges an Zeit und Übung, bis diese Programme sinnvoll eingesetzt werden können.

4.13.1. Bücher

Bei **Monographien** wird weithin nach dem Autor-Titel-Auflage-Erscheinungsort-Erscheinungsjahr-System dargestellt, wie das folgende Beispiel veranschaulicht: Bänsch, Axel, Wissenschaftliches Arbeiten. Seminar- und Diplomarbeiten, 12. A., München 2020.

Amts- oder Berufsbezeichnung und akademische Titel des Autors werden nicht genannt. Bei Personen sollte der vollständige **Name**, deren Vor- und Nachname, genannt werden.[45] Hingegen findet sich gelegentlich die Übung, nur den Anfangsbuchstaben des Vornamens oder gar keinen Vornamen anzugeben, wenn keine Verwechslungsgefahr besteht. Diese Übung ist abzulehnen. Der Vorname gehört zum Namen und erleichtert die Suche in Katalogen und Suchmaschinen, sowie zu weiteren Veröffentlichungen desselben Autors.

Stammt das Werk von mehreren Verfassern, die es gemeinsam verfasst haben, werden deren Namen mit Schrägstrichen getrennt nacheinander aufgeführt. Daraus lässt sich erkennen, dass es sich um keine Doppelnamen handelt, z. B. Byrd, B. Sharon/Lehmann, Matthias, Zitierfiebel für Juristen, 2. A., München 2016. Doppelnamen werden mit Bindestrich geschrieben.

Hat ein Buch mehr als drei Verfasser, werden nicht mehr als die ersten drei Autorennamen genannt, gefolgt von dem Zusatz et al. oder u. a. Es genügt bereits die Angabe des erstgenannten Autors mit dem genannten Zusatz. Angemessener wäre es in Hinblick auf die Urheberschaft, alle Autoren zu benennen.

Neben diesen von einem Autor oder mehreren Autoren gemeinsam verfassten Büchern, gibt es von **Herausgebern** veranlasste Werke. Institutionen wie Minis-

---

45 Putzke (2021) S. 80; Eco (2020) S. 84.

terien lassen Veröffentlichungen erarbeiten, die unter dem Namen der Institution als Herausgeber erscheinen. Die Autoren treten dabei in den Hintergrund. Statt dem Autorennamen erscheint die Institution mit dem Kürzel *Hrsg.* in Klammern. Bundesministerium für Familie, Senioren, Frauen und Jugend (Hrsg.), 20-jährige Frauen und Männer heute: Lebensentwürfe, Rollenbilder, Einstellungen zur Gleichstellung, Berlin 2007.

Institutionen oder Personen fassen Beitrage verschiedener Autoren zu einem **Sammelwerk** zusammen. Statt einem Autor nennen diese Gesamtwerke den Herausgeber und nicht die einzelnen Autoren. Dies ist durch den Zusatz (Hrsg.) nach dem Namen des Herausgebers kenntlich zu machen. Ein Werk kann mehrere Herausgeber haben. Franck, Norbert/Stary, Joachim (Hrsg.), Die Technik wissenschaftlichen Arbeitens, 17. A., Paderborn 2017. Enthält das Sammelwerk eine Bandzählung, erscheint die Bandzahl in arabischen Ziffern nach dem Titel des Gesamtwerks.

Sind Beiträge in einem Sammelwerk einem Autor zugeordnet und wird aus diesen Beiträgen zitiert, dann sind neben dem Herausgeberwerk diese Beiträge wie Aufsätze ins Literaturverzeichnis aufzunehmen. Franck, Norbert, Lust statt Last: Wissenschaftliche Texte schreiben, in: Franck, Norbert/Stary, Joachim (Hrsg.), Die Technik wissenschaftlichen Arbeitens, 17. A., Paderborn 2013, S. 111 ff. Unter *4.13.3. Aufsätze* werden die Einzelheiten zu Aufsätzen beschrieben.

Die Angaben zu Buchwerken müssen im Literaturverzeichnis zumindest folgende Angaben umfassen:

– Name des Autors/Herausgebers (Hrsg.)
   nach Komma
– Vorname des Autors
   nach einem Komma oder Doppelpunkt
– Titel des Buches (ggf. mit Untertitel)
   nach Komma
– Auflage (wenn mehr als die erste Auflage)
   nach Komma
– Erscheinungsort
– Erscheinungsjahr

Bei Büchern folgt auf den **Namen** des Verfassers oder Herausgebers mit dem (Hrsg.-)Hinweis nach einem Komma oder Doppelpunkt der **Titel** des Werkes, wie er dem Titelblatt zu entnehmen ist. Entscheidend sind die Angaben auf dem Titelblatt und nicht auf dem Einband, dem Cover. Ist zusätzlich zum Titel ein Untertitel aufgeführt, ist dieser – soweit aus inhaltlicher Sicht wichtig – ebenfalls zu nennen.[46] Er folgt auf den Haupttitel durch Doppelpunkt, Punkt oder Komma getrennt, soweit auf dem Titelblatt kein anderes Satzzeichen vermerkt ist. Ist der Untertitel sehr lang, kann er durch (…) gekürzt werden.

---

46 Byrd/Lehmann (2016) S. 14; a. A. Vogel (2020) S. 155: kein Untertitel.

Bei **Dissertationen** ist das Kürzel Diss. sowie das Promotionsjahr, die Hochschule und der Promotionsort anzugeben, z. B. Hemke, Katja, Methodik der Analogiebildung im öffentlichen Recht, Universität Freiburg, Diss. 2004.

Nach dem Sachtitel ist, soweit ein Werk in mehreren Auflagen erschienen ist, die aktuelle **Auflage** zu nennen. Handelt es sich um die erste Auflage, wird diese nicht aufgeführt. Wird ein Werk ohne Auflage angeführt, versteht es sich von selbst, dass es sich um die erste Auflage handelt. Es ist immer mit der aktuellsten Auflage zu arbeiten. Nur ausnahmsweise genügt die Angabe einer früheren Auflage, wenn es auf die dort gemachten Angaben ankommt, die in einer späteren Auflage nicht mehr erscheinen.

Nach der Auflage werden üblicherweise der **Erscheinungsort** und das Erscheinungsjahr genannt. Sind mehrere Erscheinungsorte genannt, genügt die Angabe des ersten Erscheinungsortes, wenngleich auch die Übung anzutreffen ist, bis zu drei Erscheinungsorte zu nennen und weitere mit et al. oder u. a. zu kennzeichnen. Fehlen Angaben zum Erscheinungsjahr oder Erscheinungsort, genügen die Angaben o. J. für ohne Jahr und o. O. für ohne Ort. Der Erscheinungsort ist im digitalen Zeitalter für das Auffinden eines Werkes nicht mehr erforderlich und sollte weggelassen werden oder auf einen Erscheinungsort beschränkt werden. Wichtig ist der Hinweis zum **Erscheinungsjahr**, der einen Aufschluss zur Aktualität des Werks geben kann. Manche Autoren nennen das Erscheinungsjahr sogleich hinter dem Namen des Verfassers in Klammern.[47]

Zumeist werden weder der Verlag noch die Schriftenreihe genannt, in der ein Werk erschienen ist. Ausnahmsweise ist die Schriftenreihe bei gezählten Serien mit einem übergeordneten Gesamttitel zu nennen. Nach dem Stücktitel des Werkes folgt der Gesamttitel der Serie und danach die Bandzahl, z. B. Thormann, Martin, Abstufungen der Sozialbindung des Eigentums. Marburger Schriften zum öffentlichen Recht, Bd. 11, Stuttgart 1996.

Literatur auf CD-ROM und aus E-Books wird zitiert wie Bücher. Im Literaturverzeichnis ist zusätzlich der Hinweis CD-ROM bzw. E-Book in Klammern aufzunehmen. Diese ist unveränderlich fixiert und bedarf deshalb keiner weiterer Angaben und keiner Ausdrucke im Anhang, wie es bei Literatur aus dem Internet der Fall ist.

4.13.2. Kommentare

Kommentare tragen einen Namen und zumeist einen Titel. Sie werden unter diesem Namen im Literaturverzeichnis aufgenommen. Es kann der Name eines von vielen Autoren sein, dessen Vorname nicht genannt wird wie *Staudinger* oder ein Sachname wie *Münchener Kommentar*. Ansonsten sind dieselben Angaben zu machen wie oben bei Monografien erläutert, z. B. Grüneberg, Christian (Hrsg.): Bürgerliches Gesetzbuch, 81. A., München 2022. Bearbeiternamen werden im Literaturverzeichnis nicht aufgenommen. Dies hat bei den zitierten Quellen zu erfolgen.

Manche Loseblatt-Kommentare und Sammelwerke erscheinen nicht in Neuauflagen, sondern werden durch **Ergänzungslieferungen** aktualisiert. Beide Anga-

---

47 Rost/Stary (2013) S. 186.

ben befinden sich am Anfang der Loseblattsammlung in einer eigens dafür vorgesehenen Tabelle. Nach Auflage und Erscheinungsort sind die jüngste Ergänzungslieferung und der Stand zu bezeichnen.

4.13.3. Aufsätze

Aufsätze erscheinen in Festschriften, Zeitschriften und Sammelwerken. Aufgeführt werden der Autor und Titel des Aufsatzes mit der genauen Fundstelle.

Aufsätze in **Fachzeitungen** werden mit den folgenden Angaben in das Literaturverzeichnis aufgenommen: Waldhoff, Christian, Der Bundesstaat in der Pandemie, NJW 2021, S. 2772 ff.

Es sind anzugeben:

- Name des Autors
  nach Komma
- Vorname des Autors
  nach einem Komma oder Doppelpunkt
- Titel des Aufsatzes
  nach Komma
- Zeitschriftentitel, soweit üblich in abgekürzter Form
- Jahrgang oder Heftnummer, soweit keine durchgehende Seitennummerierung durch alle Hefte hindurch
  nach Komma
- Angabe der Anfangsseite (und ggf. der Endseite) in arabischen Zahlen.

Verlag und Verlagsort werden nicht genannt. Die Fachzeitung selbst ist nicht ins Literaturverzeichnis aufzunehmen. Es genügt die Angabe zum Aufsatz mit dem Hinweis auf die Fachzeitschrift.

Anmerkungen zu Gerichtsentscheidungen werden wie Aufsätze des Verfassers behandelt. Sie sind zumeist in Fachzeitschriften veröffentlicht und tragen in der Überschrift die Daten der in Bezug genommenen Entscheidung. Sie sind mit diesen Daten als Titel und der Fundstelle ins Literaturverzeichnis aufzunehmen. Sollten sie einen eigenen Titel tragen, sind die Daten der in Bezug genommenen Entscheidung als Untertitel aufzunehmen.[48]

Bei Festschriften, Jahrbüchern und anderen Sammelwerken ist nach Nennung des Autors und des Titels des Aufsatzes anzugeben, in welchem Gesamtwerk der Aufsatz erschienen ist: Slapnicar, Klaus Wilhelm, Formalien in einer rechtswissenschaftlichen Diplomarbeit, in: Engel, Stefan/Slapnicar, Klaus Wilhelm (Hrsg.), Die Diplomarbeit, 3. A., Stuttgart 2003, S. 152 ff.

Die Sammelwerke selbst sollten zudem im Literaturverzeichnis genannt werden. Ein Muss ist es nicht. Es ist jedoch für den Leser zielführender und dient der Vollständigkeit.[49]

---

48 Gußen (2020) S. 175.
49 Für Doppelnennung Kropp/Huber (2010) S. 76; Theisen (2021) S. 207; einschränkend Karmasin/Ribing (2019) S. 132: Doppelnennung nicht bei Festschriften.

4.13.4. Literaturbelege aus zweiter Hand

Ausnahmsweise können Quellen genannt werden, die dem Bearbeiter selbst nicht vorlagen und die er in anderer Literatur, bei anderen Autoren gefunden hat. Nach Angabe des vollständigen Verfassernamens und des Sachtitels folgt der Vermerk *zit. in* oder *zit. nach* und die vollständigen Angaben des Werkes, aus dem die Quelle stammt. Damit erkennt der Leser, dass die Quelle dem Bearbeiter selbst nicht vorlag, sondern dieser die Quelle einem anderen, näher bezeichneten Werk entnommen hat. Es handelt sich um Literaturbelege aus zweiter Hand. Die Original- und die Sekundärquelle sind ins Literaturverzeichnis aufzunehmen.

Da der Verfasser der wissenschaftlichen Arbeit die Quelle nicht selbst gelesen und ausgewertet hat, birgt diese Vorgehensweise die Gefahr von Verfälschungen. Eine Überprüfung der Literaturangabe konnte nicht erfolgen. Sie werden blind und ungeprüft übernommen. Daher ist auch der Name Blindzitate für diese Literaturbelege gebräuchlich. Diese sind tunlichst zu vermeiden. Statt sich auf Blindzitate zu verlassen, sollten alle denkbaren Möglichkeiten ausgeschöpft werden, um die Originalquelle einzusehen und zu bewerten.

4.13.5. Literatur aus dem Internet

Bei Literatur aus dem Internet sind neben den oben erläuterten Verfasser- und Titelangaben die vollständige Internet-Adresse und zuletzt in Klammern das Datum des Abrufs anzugeben. Um den dauerhaften Zugriff auf die Quelle zu gewährleisten, empfiehlt es sich einen Ausdruck zu fertigen und als Anlage im Anhang anzuschließen.[50] Bei umfangreichen Quellen kann es genügen, auszugsweise die Seiten im Anhang aufzunehmen, die in die eigene Arbeit eingeflossen sind. Ohne den Ausdruck besteht die Gefahr, dass die Quelle schon nach kurzer Zeit nicht mehr im Internet aufzufinden ist oder mittlerweile in einer abgeänderten Fassung vorliegt. Fehlen Angaben zum Verfasser oder einer Institution im Sinne eines Herausgebers, ist Vorsicht bei der Verwendung der Quelle angeraten. Es muss in besonderem Maße untersucht werden, ob diese glaubwürdig ist. Solche Quellen werden dann unter dem Sachtitel oder nur der Internet-Adresse im Literaturverzeichnis aufgeführt.

4.13.6. Gliederung des Literaturverzeichnisses

Das Literaturverzeichnis ist durchgehend alphabetisch nach den Nachnamen der Verfasser oder Herausgeber aufzulisten. Nennt ein Werk weder Autor noch Herausgeber kann dieses unter N.N. (nomen nescio) oder o.N. (ohne Namen) oder o. V. (ohne Verfasser) aufgeführt werden. Es ist auch die Übung anzutreffen, das Werk unter dem Sachtitel einzuordnen. Ein Sachtitel ohne Verfassername wird ebenfalls alphabetisch eingeordnet, wobei der bestimmte oder unbestimmte Artikel unberücksichtigt bleibt.[51]

---

50 Theisen (2021) S. 215; a. A. Karmasin/Ribing (2019) S. 140.
51 Rost/Stary (2013) S. 188.

Soweit mehrere Werke eines Autors vorkommen, sind diese chronologisch zu ordnen. Hat ein Autor in einem Jahr mehrere Werke veröffentlicht, sind diese ebenfalls nach Möglichkeit chronologisch zu ordnen und beim Erscheinungsjahr ist die Reihung durch einen Kleinbuchstaben deutlich zu machen: *2021a*. Soweit der mehrfach genannte Autor Mitautor eines Werkes ist, ist dieses Werk in Mitautorenschaft nach den Einzelwerken aufzuführen.

Bei umfassenden Literaturverzeichnissen bilden manche Autoren Literaturgruppen[52] wie

- Lehr- und Fachbücher, Monografien
- Aufsätze
- Kommentare.

Diese Unterscheidung ist der Literatursuche nicht dienlich. In Zweifelsfällen muss der Leser alle Literaturgruppen durchsehen. Das durchgehend alphabetisch geordnete Literaturverzeichnis ist vorzuziehen. Im Literaturverzeichnis sollten nur Werke erscheinen, die zur Bearbeitung herangezogen und zitiert wurden. Sonstige Werke gibt dem Verzeichnis Volumen, ohne sich im Inhalt niederzuschlagen.

Liegt ein Werk nur auf CD-ROM oder als E-Book vor, sollte dies vermerkt werden. Bestehen Zweifelsfragen zu den erforderlichen Angaben, sind diese danach zu entscheiden, welche Angaben zum Auffinden des Werkes erforderlich sind, damit Dritte das Werk auffinden können. Die Angaben müssen zielführend und eindeutig sein.

4.14. Erklärung

Am Ende jeder wissenschaftlichen Arbeit ist eine eigenhändig unterschriebene Erklärung anzubringen, wonach der Verfasser die Arbeit selbstständig und nur unter Verwendung der angegebenen Quellen und Hilfsmittel angefertigt hat. Mit der Erklärung wird der Zweck verfolgt, die Fertigung von Plagiaten, den Diebstahl an fremden geistigen Werken zu verhindern. Es ist ein Gebot der wissenschaftlichen Ehrlichkeit und Ethik. Gleichzeitig soll diese Erklärung die Eigenständigkeit der Arbeit hervorheben.

Ich versichere, dass ich diese … arbeit selbstständig und nur unter Verwendung der angegebenen Quellen und Hilfsmittel angefertigt habe. (Ort, Datum, Unterschrift).

Neben der eigenhändigen Unterschrift mit Vor- und Nachnamen sind Ort und Datum anzuführen. Diese Erklärung ist in jedes abzugebende Exemplar der Arbeit aufzunehmen.

---

52 Mix (2011) S. 136; Schenk (2005) S. 93.

5. Die Erarbeitung der Thematik

Die Manuskriptteile geben die äußere Ordnung einer wissenschaftlichen Arbeit wieder. Nun soll der weitaus anspruchsvollere Aspekt dargestellt werden, wie der Inhalt erarbeitet wird.

Das **Thema** der Arbeit und die damit verknüpfte Forschungsfrage bestimmen sowohl den **Ausgangspunkt** wie die **Grenzen** der Ausarbeitung. Nur das gestellte Thema in seiner Präzisierung durch die Forschungsfrage und nichts anderes ist zu bearbeiten. Nur was zum Thema und zur Entwicklung der Thematik gehört, gehört in eine wissenschaftliche Arbeit.

Zudem gibt das Thema wichtige Anhaltspunkte für die Literatur, die zur Bearbeitung des Themas heranzuziehen ist. Aus der Themen- und Fragestellung lassen sich erste Schritte für die Literatursuche entwickeln. Es verschafft den Einstieg in die **Literatursuche**. Die Literatursuche ist Voraussetzung für die Einarbeitung in den aktuellen Forschungsstand des Themas. Im Folgenden soll dargestellt werden, wie über die Beschäftigung mit dem Thema der wissenschaftlichen Arbeit die Literatursuche angegangen werden kann.

5.1. Auswertung und Verortung des Themas

Das Thema ist **systematisch** aufzugliedern. Es ist zu überlegen, ob es dazu signifikante Sachbegriffe oder Schlagworte gibt und ob bestimmte Gesetze oder Gesetzesvorschriften dem Thema zuzuordnen sind. Beispielsweise das Thema *Veröffentlichungen aus Gemeinderatssitzungen – Das Recht des Gemeinderats auf Schutz seines Persönlichkeitsrechts* lässt sich wie folgt aufgliedern:

Rechtswissenschaft			
Verfassungsrecht	**Strafrecht**	**Zivilrecht**	**Verwaltungsrecht**
Art. 2 GG Art. 5 GG Art. 28 GG Grundrechte Meinungsfreiheit Pressefreiheit Persönlichkeitsrecht	§§ 185 ff. StGB Ehrverletzung	§ 823 BGB § 1004 BGB § 253 BGB Widerruf Unterlassung Schmerzensgeld	GemO PresseG

Diese erste Auswertung des Themas bietet einen Anhaltspunkt, um das Arbeitsgebiet grob abzustecken, um dem Thema seinen Platz im gesellschaftlichen, rechtlichen und wirtschaftlichen Zusammenhang zuzuweisen. Das Thema ist zu verorten.

Die Auswertung verschafft zusätzlich Anhaltspunkte, um sich geeignete Literatur zu dem Thema zu beschaffen und sich einzulesen. Im Laufe der Zeit wächst die Liste der Schlagworte und der einschlägigen Rechtsvorschriften noch an. Eine erste Erweiterung der Schlagworte kann die Überlegung bringen, ob es ähnliche, verwandte, synonyme Begriffe bzw. Oberbegriffe zu den Schlagworten

gibt. Vom Widerruf kann es gedanklich zur Richtigstellung und zur Gegendarstellung gehen. Diese führt zu den Landespressegesetzen.
Um einschlägige Literatur für die Erarbeitung eines wissenschaftlichen Werkes zu finden, bieten
- Suchmaschinen und Datenbanken
- Kataloge der Bibliotheken
unentbehrliche Hilfestellungen. Wer sich schon im Vorfeld der Arbeit mit der Suche in Bibliotheken, der Benutzung der Bibliothekskataloge und der elektronischen Informationssysteme vertraut gemacht hat, hat es erheblich leichter und kann gezielt vorgehen.
Es kann kein allgemeingültiger Leitfaden für das Vorgehen bei der Literatursuche gegeben werden. Das Vorgehen hängt vom jeweiligen Thema und den Vorkenntnissen zu diesem Thema ab. Die folgende Darstellung beschränkt sich deshalb auf allgemeine Hinweise ohne Anspruch auf Vollständigkeit und Einschlägigkeit für jedes Thema und ohne Rücksicht auf die Vorkenntnisse der Studierenden.

5.2. Systematische Literatursuche

Mit der ersten Zusammenstellung der Stichworte, Schlagworte und einschlägigen Rechtsvorschriften kann die Suche begonnen werden.
Die herausgearbeiteten Stichworte, Schlagworte und Gesetzesvorschriften können zur Suche in Bibliotheken, über Suchmaschinen im Internet und in elektronischen Datenbanken verwendet werden.
Studierende bevorzugen den Einstieg über **Suchmaschinen** im Internet bei Google und bei wikipedia. In Anbetracht des unkontrollierten Zugangs zum Internet und der Datenflut ist ein besonders kritischer Umgang mit den vorgefundenen Informationen unabdingbar.

Im Internet vorgefundene Informationen sind auf
- Richtigkeit
- Aktualität
- Vollständigkeit und
- Ausgewogenheit
zu überprüfen.

Die Trefferquote kann hoch, jedoch nicht immer einschlägig sein. Die Durchsicht aller Treffer auf aussagefähige Literatur kann sich ausgesprochen mühselig und zeitraubend gestalten. Deshalb sollte dieser Weg nur zu einer ersten Information genutzt werden. Manche Autoren empfehlen mit der Literatursuche in Lexika, Enzyklopädien und Lehrbüchern zu beginnen,[53] was bei juristischen Fragestellungen weniger zielführend ist.

---

53 Prexl (2019) S. 2019.

Zur raschen und gezielten Literatursuche anhand von Gesetzen sind besonders **Kommentare** zu Gesetzeswerken geeignet, die vor allem in Bibliotheken über deren Online-Kataloge und in Online-Datenbanken aufzufinden sind. Gesetzeskommentare sind das ideale Hilfsmittel bei der Suche nach Gerichtsentscheidungen und Fachbeiträgen zu einer bestimmten Rechtsvorschrift oder Rechtsfrage. Unter den jeweiligen Gesetzesvorschriften findet sich eine Auflistung der wichtigsten, wegweisenden Gerichtsentscheidungen und der Fachliteratur. Sie geben Querverweise zu weiteren Gesetzesvorschriften, die mit der Thematik in engem Zusammenhang stehen. Mittlerweile gibt es zu allen wichtigen Rechtsgebieten eine Vielzahl von Kommentaren. Die meisten Kommentare erscheinen jedoch nur in größeren zeitlichen Abständen. Die letzte Auflage erschien oftmals schon vor einigen Jahren. Die später erschienenen Gerichtsentscheidungen und Autorenansichten sind nicht berücksichtigt. Die Studierenden müssen sie noch selbstständig erarbeiten. Hier kann die Vorwärtssuche in online-Datenbanken hilfreich sein, soweit diese verfügbar sind.

Zum Thema *Veröffentlichungen aus Gemeinderatssitzungen* sind Grundgesetzkommentare wie auch Kommentare zum BGB und zu den Gemeindeordnungen und Pressegesetzen der Länder heranzuziehen. Die Suche ist – wie bereits o. g. – mit den aufgelisteten Paragrafen zu beginnen und durch Suche im Stichwortregister zu vervollständigen.

Die ermittelten Stich- und Schlagworte ermöglichen die gezielte Suche in den **Online-Katalogen der Bibliotheken** und der elektronischen **Fachdatenbanken**. Diese führen zu Fachbüchern und Beiträgen in Fachzeitschriften. Deren Lektüre kann wiederum Hinweise auf einschlägige Gesetze und Rechtsprechung enthalten, die wie oben beschrieben zu recherchieren sind,

Eine grobe Orientierung zu Stich- und Schlagworten können **Nachschlagewerke** geben. Sie liefern prägnante Darstellungen zu bestimmten Stichworten und Problemfeldern. Außerdem bieten Nachschlagewerke eine grobe Umschreibung der jeweiligen Problematik und Hinweise auf grundlegende Gerichtsentscheidungen und Literaturansichten sowie auf verwandte und weiterführende Fragestellungen.

Aus dem großen Angebot an Nachschlagewerken seien genannt:
- Weber, Klaus (Hrsg.), Rechtswörterbuch, 24. A., München 2022
- Isensee, Josef/Kirchhof, Paul (Hrsg.), Handbuch des Staatsrechts der Bundesrepublik Deutschland, 13 Bde., Heidelberg 2003–2015
- Herdegen, Matthias u. a. (Hrsg.), Handbuch des Verfassungsrechts, 2. A., Heidelberg 2021.

Nachschlagewerke findet man mit Hilfe von Bibliothekskatalogen. Sie stehen zum Teil als CD-ROM-Version und im Internet zur Verfügung.

Von den Studierenden werden **Fachzeitschriften** als Erkenntnisquelle viel zu wenig genutzt. Gerade hier findet die aktuelle und vielseitige Diskussion statt, die sowohl wissenschaftliche Streitfragen als auch praktische Bedürfnisse und aktuelle Problemlagen im Recht erfasst. Für Studierende sind die Aufsätze zu einzelnen aktuellen Fragestellungen von besonderem Nutzen. Sie bieten eine Auseinandersetzung zu speziellen Problemen mitsamt ihrer Einordnung in den rechtspolitischen Gesamtzusammenhang. Sie bilden das Meinungsspektrum ab. Sie zeigen die Hintergründe der Gesetze, die Entwicklung der Rechtsprechung sowie die weiterreichenden Konsequenzen einer gefundenen Lösung auf. Besonders hilfreich sind die in den Aufsätzen vorgefundenen Hinweise auf Rechtsprechung und aktuelle Literatur. Sie liefern umfassende Darstellungen einer Streitfrage und bieten einen Wegweiser in der Vielfalt der vertretenen Meinungen. Bei der Suche ist zu bedenken, dass bei der Masse an Literatur schon nach kurzer Zeit kaum mehr ein Überblick besteht, welche Autoren und Werke bereits gefunden oder noch zu suchen sind, welche Seiten eines Werkes wichtig sind und wie dieses Werk nun heißt.

Damit die Literatursuche effizient erfolgt, ist von jedem Hinweis auf eine mögliche Quelle in einer Literaturliste, auf einer Karteikarte oder in einer Datenbank ein Vermerk zu machen, der zumindest den Verfassernamen, den Sachtitel und die Seitenangabe enthalten muss, sowie bei Aufsätzen und Gerichtsentscheidungen, in welcher Zeitschrift oder Sammlung nebst Erscheinungsjahr und Seite diese nachzulesen sind. Hierzu kann auch das unter *3.3. Informationsbeschaffung* erläuterte Rechercheprotokoll verwendet werden. Von durchgearbeiteten und für wichtig erachteten Werken sind exakt die Angaben zu vermerken, die später für das Literaturverzeichnis erforderlich sein können. Wurde ein Werk geprüft und für ungeeignet befunden, ist dies trotzdem festzuhalten und ein Vermerk darüber anzubringen. So wird vermieden, dass es erneut zur Hand genommen wird. Sollte sich später herausstellen, dass es doch von Bedeutung sein kann, erlauben die Angaben den erneuten Zugriff.

6. Die Materialauswertung

Von der Auswertung des Themas führt der Weg zur Materialfindung. Von der Materialfindung führt der Weg weiter zur Materialauswertung und schließlich zur Materialdarstellung in der wissenschaftlichen Arbeit selbst. Nach der bereits beschriebenen Materialfindung soll nun der nächste Schritt der Materialauswertung erläutert werden.

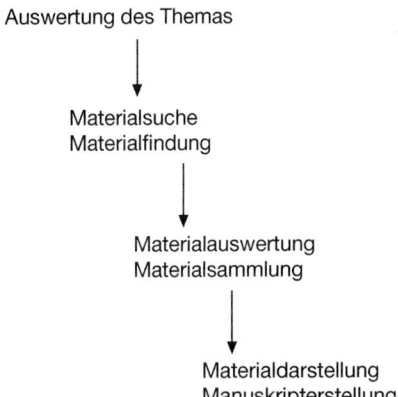

Auswertung des Themas

Materialsuche
Materialfindung

Materialauswertung
Materialsammlung

Materialdarstellung
Manuskripterstellung

Die aufgefundene Literatur ist daraufhin durchzusehen, ob sie das Thema der Arbeit tatsächlich betrifft. Daneben lassen sich der durchgesehenen Literatur weitere Hinweise auf relevante Literatur entnehmen, die noch aufzusuchen ist. In Anbetracht der Fülle an Literatur können die Studierenden diese nicht in allen Fällen vollständig lesen. Es sind von vornherein die Werke auszuklammern, die zum jeweiligen Arbeitsthema nichts besagen. Eine erste Abgrenzung lässt sich anhand der Durchsicht des Inhaltsverzeichnisses, den Kapitel- und Zwischenüberschriften gewinnen. Vorteilhaft ist es, wenn ein Abstract einen Überblick gewährt. Gegebenenfalls sind einzelne Kapitel anzulesen. Die wissenschaftliche Tiefe eines Werkes lässt sich anhand von Fußnoten und dem Literaturverzeichnis einschätzen. Wird ein Werk als nicht aussagefähig eingeschätzt und damit ausgeschieden, ist trotzdem noch dessen Literaturverzeichnis auf weiterführende Literatur durchzusehen. Erscheint ein Werk als einschlägig für das Thema der Arbeit, ist es auf bedeutsame Aussagen durchzusehen und der Inhalt zu erschließen. Fördert es die Arbeit, ist die Textstelle zu übernehmen. Bei übernommenen Textstellen ist die weitere Frage anzustellen, ob die darin angestellten Überlegungen weiterentwickelt werden können und sollen.
Es muss sichergestellt werden, dass relevanten Texte für die weitere Bearbeitung zur Verfügung stehen und sich bei Bedarf problemlos wieder heranziehen lassen. Kopien und Exzerpte können hilfreich sein.

6.1. Literaturübersichten

Es sind Literaturübersichten, wie bereits bei der Literatursuche[54] – als Literatur-listen, Karteikarten oder Datenbanken – angeregt, anzulegen, um das Wiederfinden der Texte zu gewährleisten. Diese Literaturübersichten sind die Grundlage für das Literaturverzeichnis der wissenschaftlichen Arbeit. Deshalb sollten diese Übersichten alle Angaben enthalten, die für die spätere Aufnahme ins Literatur-verzeichnis erforderlich sind. Hierzu können die bereits bei der Informationsbe-schaffung angelegten Rechercheprotokolle[55] fortgeschrieben werden. Es ist emp-fehlenswert, die Literaturübersichten bereits als Datei zu erstellen. Am Rechner erstellt, lässt sich später ohne großen Aufwand hieraus das Literaturverzeichnis entwickeln.

Für Gerichtsentscheidungen ist eine gesonderte Rechtsprechungsübersicht anzu-legen. In der Rechtsprechungsübersicht sind außer der Fundstelle in einer Ent-scheidungssammlung oder Fachzeitschrift noch das Aktenzeichen und das Datum festzuhalten. Gerichtsentscheidungen werden in verschiedenen Samm-lungen und Zeitschriften oftmals mehrfach veröffentlicht. Aktenzeichen und Datum helfen Mehrfachauswertungen und Mehrfachnennungen derselben Ent-scheidung zu vermeiden. Aus den Rechtsprechungsübersichten kann das Recht-sprechungsverzeichnis zusammengestellt werden, wie es für eine Doktorarbeit erforderlich ist und auch bei anderen wissenschaftlichen Arbeiten angezeigt sein kann.

Die Literaturübersichten sind neben dem Literaturverzeichnis bedeutsam für das Zitieren von Rechtsprechung und Literatur in Fußnoten im Zuge der Erstellung des Manuskripts der Arbeit. Es ist ausgesprochen zeitraubend, wenn der Verfas-ser bei Erarbeitung des Manuskripts und beim Zusammenstellen der Zitate und Fußnoten diese Angaben erneut heraussuchen oder diese Werke erneut besorgen muss.

6.2. Materialsammlung

Die einschlägige Literatur ist nach Möglichkeit in greifbarer Nähe zu sammeln. Es ist sicherzustellen, dass die als wichtig erkannten Passagen leicht auffindbar sind. Zu Beginn der Materialsammlung scheint alles Material noch überschau-bar. Dies ändert sich jedoch mit fortlaufendem Stadium der Materialsuche. Des-halb sind von vornherein die wichtigen Erkenntnisse festzuhalten. Es kann hier-bei hilfreich sein, die wichtigen Passagen in selbst angeschafften Werken zu unterstreichen und das Auffinden durch Stichwortzettel, die aus dem Werk her-ausragen, zu erleichtern. In entliehenen Werken sind nur Stichwortzettel zuläs-sig.

Können Werke nicht entliehen werden, wie es bei aktuellen Kommentaren oder Fachzeitschriften und Entscheidungssammlungen regelmäßig der Fall ist, sind

---

54 Siehe *5.2. Systematische Literatursuche*, S. 44 ff.
55 Siehe *3.3. Informationsbeschaffung*, S. 12 ff.

Exzerpte oder Kopien zu fertigen und nach Themenschwerpunkten zu sortieren. Dasselbe gilt, wenn ein Werk nur für begrenzte Zeit zur Verfügung steht. Beim **Exzerpt** werden Passagen aus fremden Werken herausgeschrieben mit Quellen, Seitenangaben und den Stichworten, zu welchen Themenschwerpunkten das Exzerpt Verwendung finden kann. Beim Exzerpt ist deutlich zu machen, ob dieses wortwörtlich erfolgt oder in eigenen Worten umschrieben wird. Dieser Unterschied ist für die Zitierweise relevant. Anstelle eines handschriftlichen Exzerpts ist die Erfassung am Rechner in Betracht zu ziehen. Hierbei kann es sinnvoll sein, zu jedem Themenschwerpunkt eine Datei anzulegen. Bei der Ausformulierung der Arbeit kann der Verfasser sogleich auf diese Dateien zurückgreifen.

Fotokopien sind ein unersetzliches und rasch zu fertigendes Hilfsmittel, um wichtige Quellen mit umfangreichen Aussagen festzuhalten. Vor dem Kopieren sollten die Studierenden den Text zuerst durchlesen. Die Anfertigung von Kopien sollte sich dann auf die Seiten beschränken, auf denen die für die Arbeit relevanten Aussagen stehen. Für kurze Passagen genügt ein Exzerpt. Ansonsten ist die Gefahr groß, dass viele Kopien gefertigt werden, die nichts mit der Fragestellung zu tun haben. Wichtig ist, dass die für das Literaturverzeichnis erforderlichen Angaben nebst den Seitenangaben auf den Kopien und Exzerpten festgehalten werden. Es ist ärgerlich und zeitraubend, wenn die exakten Literaturangaben im Nachhinein noch erhoben werden müssen oder gar nicht mehr gegenwärtig ist, um welches Werk es sich handelt. Die Kopien sind nach Themenschwerpunkten zu sortieren. Das **Scannen** von Dokumenten ersetzt zunehmend das Kopieren von Dokumenten. Die eingescannten Dokumente nebst Literaturangaben sind zeitnah in die zu den jeweiligen Themenschwerpunkten angelegten Ordner am Rechner zu übertragen.

Hieraus erwächst im Laufe der Zeit eine umfangreiche eigene Materialsammlung, die die Grundlage für die spätere Erarbeitung des Manuskripts darstellt. Sie bietet gleichzeitig Anhaltspunkte für weitere Fragen und Probleme, die zur umfassenden Bearbeitung des Themas dazugehören und noch zu erarbeiten sind.

6.3. Ausarbeitung des Rohmanuskripts

Beim Sammeln von Literatur stellt sich oftmals die Vorstellung ein, das Thema fest im Griff zu haben. Bei den ersten Formulierungsversuchen zeigt sich hingegen, dass manches noch nicht recht verstanden wurde, mancher Zusammenhang nicht klar ist. Anderes wurde schon wieder vergessen, ist nicht mehr auffindbar. Es treten bislang nicht erkannte Fragestellungen auf. Es finden sich Widersprüche zwischen scheinbar einhelligen Ansichten. Es zeichnen sich Lücken in der Argumentation ab. Der dem Dichter Heinrich von Kleist zugeschriebene Satz *Über das allmähliche Verfestigen der Gedanken beim Sprechen* gilt erst recht beim Schreiben.

Deshalb dürfen die Studierenden mit der ersten Niederschrift der Arbeit nicht zu lange warten. Ergeben sich beim Ausformulieren Zweifel und offene Fragen, muss noch ausreichend Zeit zur Verfügung stehen, diesen nachzugehen. Schreiben selbst ist ein Aspekt der inhaltlichen Aneignung und Auseinandersetzung mit den eigenen Gedanken. Schreiben ist ein kognitiver Akt des Aneignens, Verstehens und Vermittelns von Ideen und Gedanken. Es zwingt, die Gedanken präzise zu fassen. Schreiben ist nicht nur eine Form, Erkenntnisse darzustellen, sondern ein Weg, Erkenntnisse zu gewinnen, zu ordnen und zu strukturieren. Das Ausformulieren von Gedanken führt oft zu neuen Erkenntnissen und Einsichten. Es schafft Distanz zum eigenen Denken und erleichtert die Rückbesinnung auf lückenhafte Erfassung, Darstellung und Argumentation. Deshalb sollten die Verfasser zweigleisig verfahren:

> Neben der Fortsetzung der Materialsammlung ist mit der ersten Niederschrift zu beginnen.

Keinesfalls sollten die Studierenden mit dem Ausformulieren zuwarten, bis sie alles Material gesichtet haben. Es besteht die Gefahr, dass sie zu viel Zeit für Fragestellungen verwenden, die entgegen dem ersten Anschein keine zentrale Rolle spielen und sie offene Fragestellungen erst erkennen, wenn kaum mehr Zeit zur Literaturbeschaffung zur Verfügung steht. Ein früher Einstieg in die Niederschrift bietet Gelegenheit zur Problemeingrenzung und damit zur Eingrenzung der Literatursuche. Es eröffnet den Blick auf weitere dazugehörige Fragestellungen und die erforderlichen Literaturrecherchen. Der Rohentwurf am Rechner ist die Grundlage für das Ausformulieren der endgültigen Fassung des Manuskriptes. Der Rohentwurf wird sukzessive fortgeschrieben. Die Niederschrift ist ein ständiger Prozess von entwerfen und korrigieren, bis der sichere und wirkungsvolle Ausdruck gefunden ist.

Der Rohentwurf und jede Überarbeitung sind mit Datum am Rechner und obendrein extern zu sichern. Manchmal ist es erforderlich, auf eine frühere Fassung zurückzugreifen. Kommt es zu technischen Störungen am Rechner kann auf die externe Sicherung zurückgegriffen werden.

Der Rohentwurf kann Anhaltspunkte dafür bieten, ob die Umfangvorgaben eingehalten werden können. Er zeigt die Notwendigkeit von Kürzungen und Streichungen, aber auch die Notwendigkeit von Erweiterungen.

6.3.1. Ausformulieren von Themenschwerpunkten

Liegt erstes Material zu einem Themenschwerpunkt vor, kann mit einer Grobformulierung begonnen werden. Für diese Grobformulierung gibt es im Grunde zweierlei Vorgehensweisen:

a. Zitate aus den Exzerpten, Kopien und Scans werden gesammelt und geordnet niedergeschrieben, um anschließend um diese herum einen eigenen Text aufzubauen.

b. Der Gegenstand wird in eigenen Worten niedergeschrieben. Danach lassen sich die Zitate aus den gesammelten Quellen einbauen.

Es kann genügen, die wesentlichen Aussagen aus den vorliegenden Materialien zusammenzustellen und aufzulisten. Hierbei sind bereits die Quellenangaben einzuarbeiten. In diesem Entwurfsstadium bedarf es keiner exakten, stilistisch einwandfreien Ausformulierung. Es steht die gedankliche Konzeption im Vordergrund und noch nicht der sprachliche Ausdruck.

Im Laufe der Zeit kommen noch immer neue Erkenntnisse hinzu und die Thematik nimmt immer mehr eigene Gestalt an. Die Arbeit am Rechner gestattet laufende Änderungen und Erweiterungen, ohne dass einzelne Passagen immer wieder neu geschrieben werden müssen.

6.3.2. Darstellung eines Meinungsstreits

Besteht zu einer Rechtsfrage, einer Vorgehensweise oder einem praktischen Lösungsansatz ein Meinungsstreit, muss dieser dargestellt und entschieden werden. Der Meinungsstreit ist nach Meinungsgruppen zu gliedern.

Für die Darstellung und die Befassung mit den einzelnen Meinungsgruppen gibt es verschiedene Möglichkeiten:[56]

a. Der Verfasser kann alle Meinungsgruppen hintereinander erläutern. Im Anschluss kann man zu jeder Meinungsgruppe die Pro- und Contra-Argumente darstellen und abwägen.

b. Der Autor beginnt mit der Darstellung einer Meinung, der er im Ergebnis nicht folgen will. Es erfolgt sogleich die Auseinandersetzung mit dieser Meinung und Entkräftung derselben. So verfährt der Autor mit den anderen Meinungsgruppen ebenfalls. Zuletzt stellt er die Meinung dar, die er teilt. Die gegen diese Meinung vorgebrachten Argumente werden entkräftet und schließlich die entscheidenden Pro-Argumente aufgeführt.

c. Es wird mit der Meinung begonnen, der gefolgt werden soll. Es werden die dagegen vorgebrachten Bedenken entkräftet und die dafür sprechenden Argumente angeführt. Danach kommen die Meinungen, denen nicht gefolgt werden soll, mit den entsprechenden Gegenargumenten.

Unzureichend ist es, wenn Studierende fremde Ansichten zu Rechtsfragen einfach übernehmen und nicht hinterfragen. Allzu gerne beschränken sich Studierende auf die Feststellung fremder Ansichten und vergessen darüber die Begründung. Für eine wissenschaftliche Arbeit gilt Begründungspflicht und die Notwendigkeit, Meinungen auf ihre Plausibilität zu überprüfen.

> Meinungen sind zu begründen und auf ihre Plausibilität zu prüfen.

Eine Übernahme ohne weitere Begründung kann erfolgen, wenn es keinen vernünftigen und greifbaren Zweifel an der Folgerichtigkeit der Ansicht gibt, was nicht immer der Fall sein wird. Ansonsten sind die Argumente aufzuführen, die für diese Meinung sprechen. Die Argumentation darf sich nicht auf die Wiederholung der Argumente beschränken, denen sich der Meinungsträger selbst bedient. Diese sind zu bewerten und um eigene Argumente zu ergänzen. Gegenargumente sind zu entkräften. Hier spiegelt sich die Fähigkeit im Umgang mit Argumentationstechniken wider.

Bei Meinungsverschiedenheiten über Gesetzesauslegung und Gesetzesanwendung sind die von der Methodenlehre entwickelten klassischen Auslegungs- und

---

56 Dornis/Keßenich/Lemke (2019) S. 135 ff.; Tettinger/Mann (2009) S. 226.

Rechtsfortbildungskriterien heranzuziehen, um von der fremden Argumentation zu einer eigenständigen Argumentation zu kommen. Die Methodenlehre bietet Argumentationshilfen.

6.3.3. Abrundungen

Ausführungen, die nicht zum Thema gehören, nicht zu seiner Entwicklung beitragen, sind zu streichen. Häufig äußern Studierende, dass sie Ausführungen beibehalten haben, weil diese ihnen interessant, wissenswert erscheinen. Ein allgemeines Interesse genügt auf keinen Fall. Die Ausführungen müssen für die Entwicklung des Themas notwendig sein und zur Entwicklung des erkenntnisleitenden Interesses, der Forschungsfrage beitragen. Es ist immer die Frage zu stellen, ob eine angestellte Aussage dazu dient, die Arbeit einen Schritt weiter auf ihr Ziel hin zu führen. Es ist auf die Themenbezogenheit der Ausführungen und damit auf ihre Geschlossenheit zu achten.

Ist etwas erst einmal zu Papier gebracht, fällt es schwer, sich davon zu trennen. Die dahinter steckende Arbeit war umsonst. Es fällt obendrein schwer, Wichtiges von Unwichtigem zu unterscheiden. Hinzu kann kommen, dass diese Ausführungen von anderen Autoren übernommen wurden. Es fehlen der Mut und das eigenständige Denken sich von diesem Vorbild zu lösen. Es ist zu bedenken, dass diese Autoren ggf. mit einer anderen Perspektive, mit einer anderen Fragestellung an ihre Darstellung gegangen sind.

Anders als bei einem Lehrbuch und einem Gesetzeskommentar kommt es nicht auf die Darstellung aller Probleme an, die bei einer Rechtsnorm, in einem Rechtsgebiet auftreten können. Es sind nur die Probleme zu erörtern, die mit dem Thema der Arbeit zu tun haben und zur Entwicklung des Themas beitragen. Die Frage nach der praktischen Relevanz einer Problematik kann hilfreich sein, um unerhebliche Randprobleme zu erkennen und zu streichen.

Eine stringente Erarbeitung der Forschungsfrage verbietet Ausführungen und Exkurse, die nichts mit dem Thema zu tun haben, so interessant sie auch sein mögen. Gleichwohl können Abrundungen erforderlich sein, um die rechtlichen und praktischen Konsequenzen einer Problematik aufzuzeigen. Die Auswertung des Materials kann ergeben, dass Abrundungen der Thematik fehlen, um das Thema der Arbeit umfassend darzustellen. Zu den abrundenden Fragestellungen beim Thema *Veröffentlichungen aus Gemeinderatssitzungen – Das Recht des Gemeinderats auf Schutz seines Persönlichkeitsrechts* – könnte neben materiellrechtlichen Überlegungen der formelle Schutz wie Klage und einstweilige Anordnung gehören. Auch eigenes Assoziieren kann hierfür Anhaltspunkte liefern. Passende Assoziationen können sich aus der Überlegung ergeben, welche Schwierigkeiten, welche Weiterungen in der Praxis folgen können:

a. Besteht ein zivilrechtlicher Anspruch, kann es angezeigt sein, kurz auf Fragen der prozessualen Durchsetzung einzugehen.

b. Die Verfolgung von Ansprüchen kann bei einem ausländischen Wohnsitz des Verpflichteten auf erhebliche Schwierigkeiten stoßen.

c. Liegen die Voraussetzungen eines öffentlich-rechtlichen Eingriffs vor, kann es geboten sein, die zuständige Behörde zu bestimmen und mögliche Rechtsbehelfe und Rechtsmittel aufzuzeigen.

d. Geht es darum, einen gefährlichen Zustand zu beseitigen, ist im Zivilrecht nicht nur die Anspruchsgrundlage darzustellen. Es können Ausführungen zur Selbsthilfe bzw. einstweiligen Verfügung hinzukommen.

e. Ist ein gefährlicher Zustand zu beseitigen, sind im öffentlichen Recht neben den möglichen Eingriffsgrundlagen, Maßnahmen des Vollzugs zu bedenken.

f. Soweit ein gefährlicher Zustand zu beseitigen ist, können sowohl Maßnahmen des Zivilrechts wie des öffentlichen Rechts nebeneinander eingreifen. Beide Möglichkeiten sind je nach Themenstellung mehr oder weniger ausführlich darzustellen.

g. Gemeinden können manche ihrer Einrichtungen sowohl in privatrechtlicher wie auch in öffentlich-rechtlicher Rechtsform organisieren. Staatliche Leistungen können in zivil- oder öffentlich-rechtlicher Rechtsform gewährt werden. Die Vor- und Nachteile sind darzustellen.

Diese Abrundungen sind, soweit ein innerer Zusammenhang und eine Notwendigkeit für ihre Erörterung besteht und die Umfangvorgaben es zulassen, in die Arbeitsgliederung in angemessenem Umfang einzuarbeiten. Deshalb ist es erforderlich, bei der Literatursuche und Materialauswertung sich nicht von vornherein zu sehr zu beschränken. Die Arbeitsgliederung wird um diese Abrundungen sukzessive fortgeschrieben. Es ist jedoch darauf zu achten, dass nicht das Thema der wissenschaftlichen Arbeit verloren geht und ein lehrbuchartiges Werk entsteht. Beim Thema *Veröffentlichungen aus Gemeinderatssitzungen – Das Recht des Gemeinderats auf Schutz seiner Persönlichkeit* haben z. B. Erörterungen zum postmortalen Persönlichkeitsrecht kaum etwas zu suchen, auch wenn bei Abhandlungen zum Persönlichkeitsrecht dieses diskutiert wird.

7. Die Strukturierung

Wissenschaftliche Arbeiten bedürfen einer durchdachten Struktur. Ein Gedanke muss schlüssig auf dem vorangegangenen Gedanken aufbauen und die Arbeit inhaltlich vorantreiben. Es ist die Aufgabe des Aufbaus, für eine schlüssige Darstellung zu sorgen.

Es genügt nicht, die Ausführungen aufeinander abzustimmen und aufzubauen. Zur übersichtlichen Gestaltung der Arbeit bedarf es obendrein der optischen Gliederung in Kapitel und Abschnitte mit signifikanten Überschriften, die durch die Arbeit führen. Die äußere Gliederung unterstreicht optisch den inneren Aufbau mit seiner Gedankenführung und Schwerpunktbildung.

Die einzelnen Teile der Arbeit müssen zueinander in einem angemessenen Umfang stehen. Selbstverständlichkeiten und Nebensächlichkeiten darf kein breiter Raum zukommen.

> Die äußere Gliederung muss den inneren Aufbau wiedergeben.

7.1. Aufbau

Es stellt sich die Frage, in welcher Reihenfolge die verschiedenen Themenschwerpunkte abzuhandeln sind. Diese Reihenfolge umschreibt den Aufbau der Arbeit. Bereits bei der Materialsammlung kann sich zeigen, dass zwischen den einzelnen Themenschwerpunkten, aber auch bei der Gestaltung und inneren Gliederung eines Schwerpunktes eine Reihenfolge vorgegeben ist. Anhaltspunkte können sich aus der Darstellung anderer Autoren ergeben. Diese Darstellungen sind jedoch kritisch zu überprüfen, da deren Aufbau nicht zwingend ist. Verfolgen diese Autoren mit ihrer Darstellung ein anderes erkenntnisleitendes Interesse als die eigene Arbeit, dann haben sie den Aufbau in den Dienst dieses Zieles gestellt. Andere Werke sind nur Modelle für die eigene Darstellung.

Für die Arbeit ist unter Zugrundelegung von logischen und sachlichen Vorgaben ein eigener angemessener Aufbau zu entwickeln.[57] Ein gelungener Aufbau fördert das Verständnis und die Schlüssigkeit der Arbeit. Er trägt zur Stringenz und Straffheit der Darstellung bei. Wiederholungen, fehlende Zusammenhänge, weit hergeholte Ausführungen und schwer verständliche Ausführungen sollten Anlass geben, den Aufbau zu überdenken.

Ein bestimmter Aufbau, eine bestimmte Reihenfolge unter den Themenschwerpunkten kann sich aus einer **logischen Priorität** ergeben. Eine solche logische Priorität besteht, wenn eine Frage nur erörtert werden kann, soweit eine Vorfrage abgeklärt ist. Beim Thema *Veröffentlichungen aus Gemeinderatssitzungen* könnte

---

57 Theisen (2021) S. 134 f.

neben den Schwerpunkt Widerruf unwahrer Behauptungen in der Presse die weitere Frage Schutz des Persönlichkeitsrechts contra Meinungs- und Pressefreiheit treten. Der zweite Themenschwerpunkt ist dem Themenschwerpunkt Widerruf vorgreiflich und damit voranzustellen. Nur wenn feststeht, dass eine Persönlichkeitsverletzung vorliegt, kommt der Widerruf als besondere Form der Wiederherstellung des früheren Zustandes in Betracht.

Logischen Prioritäten ist beim Aufbau zwingend Rechnung zu tragen. Zu den logischen Prioritäten zählen die folgenden Konstellationen:

– Die Rechtswirksamkeit einer Norm ist zu klären, bevor diese zur Anwendung kommen kann. Wurde eine Norm nicht wirksam erlassen, ist diese nichtig. Sie kann keine Wirkungen entfalten und deshalb nicht zur Anwendung kommen.

– Es ist der Tatbestand einer Norm zu prüfen, bevor ihre Rechtsfolge eingreifen kann. Ist der Tatbestand nicht erfüllt, wird die Rechtsfolge nicht ausgelöst.

– Jeder Anspruch im Privatrecht setzt voraus, dass eine Anspruchsgrundlage gegeben ist. Nur wenn es eine Anspruchsgrundlage gibt und diese im konkreten Fall zutreffend ist, kommt die Rechtsfolge zur Anwendung.

– Jeder Eingriff im öffentlichen Recht setzt eine Eingriffsgrundlage voraus. Es muss sodann geklärt werden, ob diese einschlägig ist, bevor die verschiedenen Eingriffsmöglichkeiten zur Erörterung kommen.

– Im Verfahrens- und Prozessrecht ist die Zulässigkeit eines Antrags oder einer Klage vor der Begründetheit zu erörtern.

Für einen bestimmten Aufbau können neben logischen auch sachliche Gesichtspunkte sprechen. Dieser **sachliche Aufbau** ist zwar nicht zwingend. Er vermag aber das Verständnis der Arbeit und die Schlüssigkeit erheblich zu fördern. Dem Verständnis der Arbeit dienen gewisse inhaltliche Regeln der Darstellung:

– Erläuterungsbedürftige Begriffe, Begriffsabgrenzungen, Definitionen sind frühzeitig und am besten bei der ersten Verwendung zu bestimmen, damit sich keine Unschärfen durch die Arbeit ziehen.

– Jeder Gedanke muss auf dem vorhergehenden aufbauen. Gedankensprünge sind zu vermeiden.

– Sachlich zusammengehörige Erörterungen sind möglichst nacheinander niederzulegen.

– Zusammengehöriges darf nicht auseinandergerissen werden; es ist in einem Zuge darzustellen.

– Wiederholungen bei den Erörterungen sind zu vermeiden. Wiederholungen legen die Vermutung nahe, dass Gedanken nicht zu Ende gedacht wurden oder Zusammenhängendes auseinandergerissen wurde.[58]

– Eine neue Gedanken- und Argumentationskette darf erst begonnen werden, wenn die vorangegangenen Ausführungen abgeschlossen sind. Ansonsten besteht die Gefahr, dass die Gedanken sich im Kreise bewegen.

– Zweifelsfragen sind dort zu klären, wo sie erstmals auftreten. Es erschwert sonst das Verständnis, wenn auf eine Klärung an einer nachfolgenden Stelle verwiesen wird.

---

58 Gleitsmann/Suthaus (2021) S. 148.

– Ergänzende Fragestellungen zur Abrundung eines Themas gehören zumeist an den Schluss der Ausarbeitung.

Dieser Aufbau der Arbeit darf nicht mit der Einteilung des Textteils in Einleitung, Hauptteil und Schlussteil verwechselt werden. Es handelt sich bei diesen Aufbaufragen um die Abfolge der einzelnen Elemente innerhalb dieser Teile.

7.2. Gliederung

Sobald die einzelnen Teile und Textpassagen des Hauptteils feststehen, bedarf dieser der Detailgliederung und der Ausgestaltung mit Überschriften. Dem Aufbau der Arbeit und der damit verbundenen gedanklichen inneren Gliederung der Arbeit hat eine äußere Gliederung zu entsprechen. Die endgültige Gliederung der Arbeit kann von der ursprünglichen Arbeitsgliederung erheblich abweichen. Ein mehrmaliges Ändern kann erforderlich sein. Das ist die Konsequenz der Tatsache, dass sich vom Einstieg in die Arbeit bis zu ihrer Fertigstellung viele Erkenntnisse und Änderungen ergeben können.

Die Gliederung mit den jeweiligen Überschriften bildet den Kern des Inhaltsverzeichnisses und strukturiert die einzelnen Teile der Arbeit. Wegen ihrer hervorgehobenen Stellung im Inhaltsverzeichnis zu Beginn der Arbeit, aber auch innerhalb der Arbeit selbst, ist auf die Gliederung besondere Sorgfalt zu verwenden.

Für die Gliederung stehen verschiedene Gestaltungsmöglichkeiten zur Verfügung:[59]

a. Es gibt die alphanumerische Gliederung nach Buchstaben und Zahlen:

Linienprinzip	Abstufungsprinzip			
A. Lateinische Großbuchstaben für Teile	A.			
I. Römische Zahlen für Kapitel		I.		
1. Arabische Zahlen für Abschnitte			1.	
a. Lateinische Kleinbuchstaben für Unterabschnitte				a.
b.				b.
α. Griechische Kleinbuchstaben für Absätze				α.
β.				β.
2.			2.	
II.		II.		

Mit den wechselnden Symbolen bietet das alphanumerische System bereits optisch eine signifikante Unterscheidung. Es ist eher in Lehrbüchern und Monografien anzutreffen als in Seminar- und Abschlussarbeiten.[60]

---

59 Preißner (2012) S. 52 ff.; Theisen (2021) S. 103 ff.
60 Bevorzugt von Putzke (2021) S. 50; ähnlich Möllers (2021) S. 176.

b. In wissenschaftlichen Arbeiten kommt mehr und mehr die numerische (De-zimal-)Gliederung zur Anwendung. Für diese kommen verschiedene Darstel-lungen in Betracht:[61]

1. Linien-prinzip	1. Abstufungsprinzip		2. Linien-prinzip	2. Abstufungsprinzip	
1.	1.		I.	I.	
1.1.		1.1.	1.		1.
1.2.		1.2.	2.		2.
1.2.1.			1.2.1.	2.1.		2.1.
1.2.2.			1.2.2.	2.2.		2.2.
1.3.		1.3.	3.		3.
2.	2.		II.	II.	

Es ist gleichgültig, welches Gliederungsprinzip gewählt wird. Es muss nur strikt eingehalten werden. Zunehmend wird die Dezimalgliederung mit einem Linien-prinzip bevorzugt.[62] Für den Leser ist eine alphanumerische Gliederung über-sichtlicher. Die Dezimalgliederung ist gegenüber der alphanumerischen Gliede-rung für den Verfasser einfacher darzustellen. Die Dezimalgliederung mit Abstufung nach Gliederungsebenen ist wiederum gegenüber dem Linienprinzip leserfreundlicher.

Zunehmend findet sich die Übung, den Punkt hinter der letzten Zahl wegzulas-sen. Die einzelnen Gliederungselemente müssen mit einer eigenen **Überschrift** versehen werden. Diese Überschrift muss identisch sein mit der Angabe im In-haltsverzeichnis. Die Gliederung und die Gliederungsüberschriften sollen einen Überblick über den gedanklichen Aufbau der Arbeit geben. Sie sollen der Weg-weiser durch die Arbeit sein und das Auffinden einzelner Textteile erleichtern. Es sind prägnante, problemorientierte Schlagworte in substantivierter Aus-drucksweise zu wählen: Fragen, Sätze oder Abkürzungen gehören nicht in die Überschrift. Paragrafenangaben sind zu vermeiden. Von nichtssagenden Begrif-fen, Formalbegriffen wie Einleitung, Allgemeines, Besonderes und Sonstiges ist abzuraten. Hinter Überschriften stehen keine Satzzeichen.

Die Gliederung hat nicht die Funktion einer verkürzten Inhaltswiedergabe. Des-halb bedarf es keiner minutiös angelegten Untergliederung. Eine übertriebene Untergliederung unterbricht den inhaltlichen Zusammenhang der Textpassagen und den Gedankenfluss. Es kann der Eindruck entstehen, dass ohne inhaltliche Leistung Seiten mit Überschriften gefüllt werden sollen. Folgende Anhalts-punkte sind bei einer Gliederung zu beachten:

– Nach einer Gliederung mit 1 muss mindestens 2, nach A muss wenigstens B folgen, getreu dem Sprichwort: *Wer A sagt, muss auch B sagen.* Ansonsten bedarf es dieser Untergliederung nicht. Es genügt ein Absatz im Text.
– Nach jeder Gliederungsüberschrift sollte ein Textteil mit Ausführungen zu dieser Überschrift folgen. Der Textteil sollte mehrere Sätze umfassen.[63] An-

---

61 Brandt (2016) S. 88; Lehmann (2019) S. 131.
62 Lehmann (2019) S. 133 behauptet, diese sei in den Rechtswissenschaften überwiegend verbreitet; a. A. Möllers (2021) S. 176.
63 Abweichend Folz/Brauner (2017) S. 142: nicht unbedingt vor Unterkapiteln; Kropp (2010) S. 100: nicht nach Oberüberschriften; Rossig (2011): kann aber muss kein Text folgen.

sonsten ist zu überlegen, ob diese Untergliederung überhaupt notwendig ist und ihr eine inhaltliche Bedeutung zukommt. Ein Absatz im Text kann anstelle der Untergliederung genügen.

– Folgt auf eine Gliederungsüberschrift sogleich die nächste Untergliederungsüberschrift, kommt den Gliederungsüberschriften die Funktion von Stichwortketten zu. Dies geht auf Kosten der Verständlichkeit, da der Zusammenhang verloren geht. Es handelt sich bei dieser Gestaltung um keine Gliederung mehr, deren Aufgabe es ist, einen Text zu gliedern, der in diesem Fall gerade fehlt.
– Die Gliederung muss Über- und Unterordnungsbeziehungen verdeutlichen.
– Untergliederungen müssen einen übergeordneten Gliederungspunkt klären. Der übergeordnete Gliederungspunkt ist anhand eines gemeinsamen Kriteriums, eines gemeinsamen Oberbegriffs zu benennen.
– Überschriften von Untergliederungen dürfen den übergeordneten Gliederungspunkt nicht wiederholen.
– Gleichrangige Gliederungspunkte müssen gleichwertig sein. Sie dürfen in keinem Über- bzw. Unterordnungsverhältnis stehen.
– Gleichrangige Gliederungspunkte müssen sich gegenseitig ausschließen.[64]

Viele Seminar- und Abschlussarbeiten sind Ausdruck einer grenzenlosen Gliederungsmanie, die auf Kosten der Verständlichkeit und Übersichtlichkeit geht. Hierzu zählen
– Überschriftenketten ohne Zwischentexte
– Überschriften für reine Aufzählungen
– Absätze nach jedem Satz ohne Rücksicht auf den Zusammenhang.

Zumeist wird empfohlen, nicht mehr als drei oder vier Untergliederungen zu verwenden.[65]

Auszug Inhaltsverzeichnis[66] mit numerischer Gliederung und Abstufung nach Gliederungsebenen:

---

64 Brink (2013) S. 146 ff.; Preißner (2012) S. 51; Wördenweber (2019) S. 69.
65 So Folz/Brauner (2017) S. 104; Lehmann (2019) S. 139; weitergehend Brink (2013) S. 133 bis zu sechs Unterpunkte; Franck (2013) S. 131 bis zu sieben Unterpunkte.
66 Auszug aus Inhaltsverzeichnis zum Thema: Die Umsetzung der Insolvenzrechtsreform im Rahmen der Schuldnerberatung.

7.3. Gewichtung

Es ist auf eine angemessene Proportionierung der einzelnen Teile der Arbeit und ihrer einzelnen Gliederungspunkte zu achten. Die wesentlichen und zentralen Probleme müssen exakt und präzise ausformuliert werden. Es ist auf eine ausgewogene Pro- und Contra-Argumentation zu achten. Verschiedene Ansichten sind zu berücksichtigen, das Für-und-Wider ist darzulegen und durch eigene Gedanken zu ergänzen. Ein Absatz oder eine Untergliederung vermag den Gesamtkomplex zu strukturieren.

Wissenschaftliche Arbeiten sollen eine Auseinandersetzung mit den dazu vertretenen Ansichten bieten und zu wissenschaftlich fundierten Ergebnissen führen. Es genügt weder die kritiklose Übernahme fremder Ansichten noch die abstrakt theoretische Aneinanderreihung von Rechtsproblemen. Es muss eine Synthese zwischen der Darstellung der Problematik, der Auseinandersetzung mit fremden Ansichten, der Abwägung und der Entwicklung von Lösungen erfolgen. Dieser Synthese ist entsprechender Raum in der Arbeit einzuräumen.

Es ist zudem darauf zu achten, dass nur die Probleme erörtert werden, die für die Darstellung und Entwicklung der Arbeit von Bedeutung sind. Auf keinen Fall dürfen die Bearbeiter Scheinprobleme erörtern, die vielleicht in anderem Zusammenhang, aber nicht für ihre Arbeit relevant sind. Wer Scheinprobleme diskutiert, offenbart, dass der Blick für das Wesentliche fehlt und er Wesentliches nicht von Unwesentlichem zu unterscheiden vermag.

Nebensächliches ist kurz abzuhandeln. Es ist davon abzuraten, Randprobleme unnötigerweise aufzugliedern und breit darzustellen. Von der Erörterung von Selbstverständlichkeiten und Trivialitäten ist abzusehen, da es die Vermutung nahelegt, dass nichts Entscheidendes mehr beizusteuern ist.

Wiederholungen sind zu vermeiden. Treten Wiederholungen auf, stellt sich die Frage, ob der Aufbau der Arbeit stimmig ist. Wiederholungen ziehen eine Arbeit unnötig in die Breite und langweilen den Leser. Es stellt sich der Eindruck ein, dass der Bearbeiter nichts Neues mehr beizutragen vermag.

Es ist weiter darauf zu achten, dass der Text nicht durch übermäßige Untergliederungen zergliedert wird und die Gliederung auf Kosten des Inhalts geht. Viele Leerzeilen auf einer Seite sprechen für inhaltliche Leere. Dasselbe gilt für dicke Blocküberschriften.

Der Anlagenteil muss in einem vernünftigen Verhältnis zum Textteil stehen. Nur dem Verständnis förderliche Anlagen sind aufzunehmen. Es ist zu prüfen, ob ggf. eine Anlage in den Textteil aufgenommen werden kann. Bedenklich ist die häufig anzutreffende Tendenz, kritiklos eine Vielzahl von Anlagen ohne Rücksicht auf ihren Inhalt in den Anhang aufzunehmen, selbst wenn der Anhang den Textteil in seinem Umfang übersteigt.

8. Der wissenschaftliche Standard

Seminararbeiten, Bachelor- und Masterthesis sowie Doktorarbeiten sind wissenschaftliche Arbeiten. Um diesen Anspruch zu erfüllen, muss die Arbeit gewissen inhaltlichen und formalen Standards genügen. Dazu zählen
– die selbstständige Erarbeitung und Darstellung des Themas unter
– Aufbereitung der bestehenden Sachlage und des Meinungsstands
– die Auseinandersetzung mit den Ansichten anderer Autoren und Institutionen zu dem Thema durch Zitieren derselben.
Um diesen Standard zu erfüllen, muss eine Arbeit bestimmten Darstellungsformen genügen.

8.1. Zitierweise

Bei der Erstellung einer wissenschaftlichen Arbeit wird erwartet, dass die in Literatur und Rechtsprechung vertretenen Ansichten und hierzu entwickelten Lösungswege recherchiert werden und eine Auseinandersetzung damit erfolgt. Die vorgefundenen Ansichten sind zu belegen. Die Anlehnung an fremde Gedanken ist nicht nur erlaubt, sondern notwendig, um den Stand der Wissenschaft zu erläutern. §§ 2, 51 UrhG und die wissenschaftliche Integrität und Ethik fordern, dass diese Leihe kenntlich gemacht wird. Dies geschieht durch Zitate. Eine korrekte Zitierweise bewahrt vor Urheberrechtsverletzungen, Plagiatsvorwürfen und Kritik an der Arbeit. Zitate belegen, wieweit der Bearbeiter die Ausgangslage der wissenschaftlichen Betrachtung in Literatur und Rechtsprechung erfasst hat. Sie erlauben, aufgestellte Behauptungen überprüfbar und damit nachvollziehbar zu machen.[67]
Der Beleg fremder Ansichten und die Leihe fremder Gedanken erfolgt durch Zitate. Unter Zitat versteht man sowohl
– die wortgetreue Wiedergabe fremder Gedanken unter Angabe der Quelle, auch **direktes** oder **wörtliches Zitat** genannt, oder
– die indirekte Wiedergabe fremder Gedanken in eigenen Worten des Bearbeiters unter Angabe der Quelle, **indirektes Zitat** genannt.
Beide Arten der Wiedergabe erfordern, dass der Autor der fremden Ansicht als Quelle und die Fundstelle genannt werden. Folglich besteht das Zitat immer aus mehreren Elementen:
– die Wiedergabe einer fremden Ansicht und
– der Angabe der Quelle nebst ihrer Fundstelle.
Die Quelle und ihre Fundstelle können entweder
– in runden Klammern im Text nach der zitierten Passage (Harvard/APA Methode)
– in eine Zusammenstellung am Ende des Kapitels oder gar am Ende des gesamten Textteils als Endnote

---

67 Heesen (2021) S. 33; Theisen (2021) S. 143 ff.

– in Fußnoten im unteren Teil der Seite
eingefügt werden.

Wörtliche Wiedergabe fremder Meinungen:	direktes Zitat	+ Quelle – im Text in Klammern
Wiedergabe fremder Meinungen in eigenen Worten:	indirektes Zitat	– in Endnoten – in Fußnoten

In juristischen Texten werden überwiegend Fußnoten statt Klammereinschüben verwendet, wie sie insbesondere in den Sozial-, Geistes- und Wirtschaftswissenschaften anzutreffen sind. Diese Angabe in Fußnoten ist der Angabe in Klammereinschüben nach der zitierten Passage vorzuziehen.[68] **Klammereinschübe** unterbrechen den laufenden Text und den Lesefluss. Sie sind dessen Verständlichkeit abträglich. Dies ist insbesondere der Fall, wenn mehrere Quellen als Beleg angegeben werden und der Leser das Ende des Klammereinschubs suchen muss, um die Lektüre fortsetzen zu können und Gefahr läuft, den Zusammenhang zu verlieren. Durch die Platzierung der Fußnote am unteren Rand anstelle einer Endnote im Anhang nach Textende kann der Leser bei Bedarf die Quelle des Zitats sofort erkennen. Es erspart ein umständliches Umblättern. Der Zusammenhang bleibt erhalten.

Die Zitierweise mit **Fußnoten** wird in wissenschaftlichen Arbeiten mittels einer hochgestellten Zahl im Text nach der zitierten Passage, die auf eine am unteren Seitenrand befindliche Fußnote verweist, kenntlich gemacht. In der Fußnote wird die Quelle des Zitats und die Fundstelle nachgewiesen. Diese formale Gestaltung des Zitats ergänzt die inhaltliche Seite der Befassung und Auseinandersetzung mit fremdem Gedankengut. Wird innerhalb eines Satzes auf das Gedankengut eines fremden Autors verwiesen, muss das Fußnotenzeichen direkt hinter die betreffende Passage gesetzt werden. Ansonsten wird das Fußnotenzeichen am Satzende direkt hinter das Satzzeichen gestellt. Bei Aufzählungen ist die Fußnote direkt hinter den Doppelpunkt zu setzen, wenn alle Elemente der Aufzählung auf dieselbe Quelle zurückgehen. Die Fußnoten sind in Ziffern anzugeben. Es ist in den Rechtswissenschaften üblich, sie durch die ganze Arbeit fortlaufend durchzunummerieren.[69]

Beim Zitieren wird unterschieden zwischen der direkten Wiedergabe durch ein wörtliches Zitat und der indirekten Wiedergabe in eigenen Worten, dem indirekten Zitat.

Die direkte Wiedergabe, das **wörtliche** oder **direkte Zitat**, erfolgt durch wörtliche Wiedergabe der Zitatstelle. Die direkte Wiedergabe wiederholt die Aussage, lässt aber offen, wie die Aussage verstanden wurde. Wörtliche Zitate bewirken häufig einen Bruch in der Darstellung und Sprache. Außerdem legen umfangreiche oder häufige wörtliche Zitate die Vermutung nahe, dass Unsicherheit oder Bequemlichkeit dahinter stehen, dass der Verfasser selbst nichts zu sagen hat. Der Umfang der Arbeit wächst, ohne dass es ihrem Inhalt dient. Auf die direkte

---

68 Klippel (2020) S. 67; Preißner (2012) S. 99; Prexl (2019) S. 69; Wördenweber (2019) S. 154; gegen Fußnoten: Krämer (2009) S. 79, 149 bevorzugt Klammereinschübe; differenzierend Theisen (2021) S. 150 f.
69 Theisen (2021) S. 145.

Wiedergabe sollte daher grundsätzlich verzichtet werden. Kommt es für die Argumentation auf jedes Wort an oder handelt es sich um eine prägnante Formulierung, ist das wörtliche Zitat ausnahmsweise sinnvoll.[70]
Die zitierte Passage ist beim wörtlichen Zitat mit allen Hervorhebungen und Zeichen des Originals zu übernehmen. Das wörtliche Zitat ist äußerlich durch Anführungsstriche kenntlich zu machen. Der Urheber des wörtlichen Zitats kann im Textteil selbst in runden Klammern hinter der zitierten Passage benannt werden. Die weiteren Quellenangaben, wie die Fundstelle, bleiben der Fußnote überlassen. Um den Lesefluss durch den Klammereinschub nicht zu stören, ist es vorteilhafter, die Quellenangabe insgesamt in der Fußnote zu verorten.
Eine Passage kann auszugsweise zitiert werden, indem bestimmte Teile weggelassen werden. Die Weglassung wird durch Punkte, die in runde Klammern gesetzt werden können, kenntlich gemacht: Zwei Punkte bei Weglassung eines Wortes, ansonsten drei Punkte bei Weglassung mehrerer Worte. Ergänzungen oder Hinweise auf Hervorhebungen erfolgen in eckige Klammern.
Als direktes Zitat zu kennzeichnen sind auch übernommene eigenwillige Sprachschöpfungen, neu eingeführte Begriffe eines Autors, selbst wenn diese nur aus einem Wort bestehen. Dieses *Kürzestzitat* ist ebenfalls durch Anführungsstriche und Urheberbenennung zu kennzeichnen.[71]
Die indirekte Wiedergabe, das **indirekte Zitat**, erfolgt durch Umschreibung der Zitatstelle in eigenen Worten. In einer wissenschaftlichen Arbeit werden die Darstellung und die Auseinandersetzung mit fremden Gedanken bzw. Ansichten zu verschiedenen Rechtsfragen verlangt. In der Regel sind fremde Gedanken in eigene Worte zu kleiden. Damit zeigt der Bearbeiter, dass er die Aussage verstanden hat und integriert sie in seine Arbeit. Wird nur ein Wort ausgetauscht oder ein Satz umgestellt, liegt noch kein indirektes Zitat vor.[72]
In den Fußnoten sind die Belegstellen für die fremden Ansichten aufzunehmen, damit der Leser diese nachlesen kann. Zitate sollen die Gründlichkeit der Befassung mit dem Meinungsstand belegen. Wird aus einem fremden Werk umfangreich zitiert, ist nach jedem Absatz – und nicht schon nach jedem Satz – eine Fußnote anzubringen mit der jeweiligen Quellenangabe. Hilfreich kann es sein, im Text auf den Autor zu verweisen.
Wird in einer wissenschaftlichen Arbeit nur wenig zitiert, kann dies den Verdacht des Plagiats nach sich ziehen. Es kann aber auch die Vermutung hervorrufen, dass die Recherche an der Oberfläche blieb. Das richtige und wahrheitsgemäße Zitieren ist eine Grundvoraussetzung und eine Selbstverständlichkeit des wissenschaftlichen Arbeitens.
Das Zitieren fremder Ansichten ist kein Ersatz für die Pro- und Contra-Argumentation zu dieser Ansicht. Eine Ansicht ist immer nur so stark wie die dafür aufgeführten Argumente. Das Zitieren darf nicht zur Autoritätsgläubigkeit führen. Es ist kein Ersatz für eigene Gedanken und Standpunkte.
Die Wiedergabe fremder Ansichten in direkten oder indirekten Zitaten bedarf der Quellenangabe. In den Fußnoten sind die Belegstellen für die fremden Ansichten aufzunehmen, damit der Leser diese nachvollziehen kann.

---

70 Karmasin/Ribing (2019) S. 116.
71 Prexl (2019) S. 92; Rost/Stary (2013) S. 174.
72 Voss (2019) S. 120.

8.2. Inhalt der Fußnoten

In rechtswissenschaftlichen Arbeiten sind überwiegend Fußnoten anzutreffen, die durch die ganze Arbeit fortlaufend durchnummeriert werden. In die Fußnoten gehören, neben den Quellenbelegen zu den im Text durch Fußnotenzeichen gekennzeichneten Zitaten, Randbemerkungen des Verfassers und Querverweise zu anderen Textpassagen, die im Textteil stören würden. Indirekte Zitate werden in Fußnoten häufig durch *vgl.* kenntlich gemacht, während bei direkten Zitaten dieser Hinweis nicht erscheinen darf.[73] Die Fußnote beginnt mit Großbuchstaben, außer bei dem Adelstitel *von* eines Autors und endet mit einem Punkt. Nur bei http://-Adressen wird der abschließende Punkt weggelassen, um Missverständnisse zu vermeiden. Die im laufenden Text angesprochenen Gerichtsentscheidungen und deren Fundstellen gehören ebenfalls in die Fußnote.

Die getroffene Auswahl sollte repräsentativ sein. Es sollten nur solche Quellen zitiert werden, die eine eigene Aussage zu einem Problem beinhalten und sich nicht darauf beschränken, fremde Ansichten lediglich zu wiederholen. Die Quellen sollten nach den Kriterien

– Aktualität
– Qualität
– Inhalt und Informationsgehalt

ausgewählt werden.

In einer Fußnote können mehrere Quellen für eine Ansicht angegeben werden. Es werden zuerst die Rechtsprechung, dann die Kommentarmeinungen und schließlich die sonstige Literatur wie Aufsätze und Monografien aufgeführt. Nach dem Prioritätsprinzip können zuerst die Gerichte und Autoren genannt werden, die einen Gedanken zuerst entwickelt haben. Sodann folgen die Gerichte und Autoren, die den Gedanken fortentwickelt haben.[74] Wer das Aktualitätsprinzip vorzieht, beginnt mit den aktuellsten Quellen und es folgen die vorangegangenen. Es kommt nur darauf an, das gewählte Prinzip durch die Arbeit hindurch einheitlich anzuwenden. Eine herrschende Meinung ist durch mindestens zwei Fundstellen zu belegen. Es kann im Anschluss an eine bestätigende Quelle in derselben Fußnote eine Gegenmeinung mit dem Hinweis *a. A.* für *andere Ansicht* zitiert werden. Grundsätzlich nicht in die Fußnoten gehören Paragrafenangaben. Diese sind im laufenden Text anzubringen. Von mehreren hintereinander gebrachten Fußnoten wie bei wikipedia ist abzusehen. Diese Mehrfachbelege sind zu einer Fußnote zusammenzufassen.

Selbstverständlichkeiten müssen nicht zitiert werden. Einer Fußnote bedarf es hierfür nicht.

Die Fußnote hat die Funktion, die angeführten Quellen, Meinungen und Ansichten nachprüfbar darzustellen. Außerdem belegen Fußnoten, wie intensiv der Bearbeiter die Literaturrecherche durchgeführt hat.

---

73 Brink (2013) S. 203; Karmasin/Ribing (2019) S. 119; Prexl (2019) S. 79; Rost/Stary (2013) S. 177; Schenk (2005) S. 215.
74 Slapnicar (2003) S. 160.

8.2.1. Rechtsprechung

Es ist zu untersuchen, ob es eine veröffentlichte höchstrichterliche Rechtsprechung gibt. Bei veröffentlichten Entscheidungen sind das Gericht und die exakte Fundstelle in einer Entscheidungssammlung oder Fachzeitschrift anzugeben. Die Angabe der Fundstelle in einer amtlichen Entscheidungssammlung ist der Angabe in einer Fachzeitschrift vorzuziehen. Fachzeitschriften geben Entscheidungen zumeist nur verkürzt wieder. Die Angabe des Aktenzeichens und des Datums der Entscheidung hat sich bei veröffentlichten Entscheidungen noch nicht durchgesetzt, obwohl dies zur raschen Suche in elektronischen Medien hilfreich sein kann.[75] Bei unveröffentlichten Entscheidungen sind das Gericht, das Datum der Entscheidung und das Aktenzeichen mit dem Hinweis unveröffentlicht zu nennen. Entscheidungen auch der unteren Instanzen, die keinen Eingang in amtliche Entscheidungssammlungen oder Fachzeitschriften gefunden haben, sind zunehmend in elektronischen Datenbanken aufgeführt. Es ist dann der Name der Datenbank anzuschließen.

Unzulänglich ist bei Gerichtsentscheidungen der mittelbare Bezug auf eine Gerichtsentscheidung durch die Angabe eines Autors, der sich mit der Entscheidung befasst hat. Diese Angabe führt nicht direkt zu der Gerichtsentscheidung. Solche Blindzitate sind unbedingt zu vermeiden. Es ist offen, ob der Autor die Entscheidung zutreffend und vollständig interpretiert hat. Diese Vorgehensweise führt zur ungeprüften Übernahme fremder Darstellungen und birgt die Gefahr von Verfälschungen in sich. Damit verliert die Arbeit an Tiefe, Glaubwürdigkeit und Eigenleistung.

Bei veröffentlichten Gerichtsentscheidungen ist die exakte Belegstelle anzugeben wie BGHZ 42 S. 138, 144 oder BGH NJW 1984 S. 34, 36. Gleichwertig ist die Darstellung BGHZ 42, 138, 144 und BGH NJW 1984, 34, 36 ohne *S.* für Seite. Folgen mehrere Entscheidungen eines Gerichts in derselben Entscheidungssammlung oder Zeitschrift muss diese nicht jedes Mal angegeben werden. Die einzelnen Entscheidungen in derselben Sammlung sind durch Semikolon zu trennen wie BGHZ 2 S. 56, 63; 14 S. 199, 203. Es ist nicht genügend, nur die erste Seite anzugeben, auf der die Gerichtsentscheidung beginnt, wenn nicht schon auf dieser Seite die relevanten Ausführungen nachzulesen sind. Lediglich die Angabe der Seite mit den relevanten Ausführungen reicht wiederum nicht. Entschieden wird nur ein Einzelfall und dessen Besonderheiten sind dem Sachverhalt am Beginn der Entscheidung zu entnehmen. Deshalb ist die erste Seite anzugeben, auf der die Entscheidung beginnt und die Seite mit den relevanten Ausführungen, die für die Auseinandersetzung in der Arbeit von Bedeutung sind. Erstreckt sich die Ausführung auf die nachfolgende Seite, ist dies durch Angabe der Anfangsseite und des Kürzels *f.* für *folgende Seite* kenntlich zu machen. Erstrecken sich die relevanten Ausführungen auf mehr als zwei Seiten, ist dies durch das Kürzel *ff.* für *fortfolgende Seiten* hervorzuheben. Noch besser, weil genauer, als *ff.* ist die exakte Seitenangabe mit der ersten und der letzten Seite des Zitats wie BGHZ 64 S. 48, 56–59. Soweit Randnummern in der Entscheidung verwendet wurden, sind diese anzugeben.

---

75 Putzke (2021) S. 56, 70, 93 empfiehlt ein Rechtsprechungsverzeichnis mit diesen Angaben.

Entscheidungen der Gerichte der EU, die ab 2012 ergangen sind, werden korrekterweise nach der amtlichen Zitierweise auf der Grundlage des European Case Law Identifier (ECLI) aufgeführt. Anzugeben sind Gericht – Entscheidungsart – Datum der Entscheidung – Nummer der Rechtssache/Aktenzeichen – ECLI–Randnummer der zitierten Passage – Name der Partei(en).
Beispiel: EuGH, Urt. v. 31.3.2022 – C-96/21, ECLI:EU:C:2022:238 Rdn. 32 – CTS Eventim.

Der ECLI setzt sich aus mehreren Angaben zusammen: Es folgt auf die Abkürzung ECLI – der Ländercode – der Gerichtscode – das Jahr der Entscheidung – einer Kennnummer, jeweils durch Doppelpunkt getrennt.
Die Zitierweise mit dem ECLI nimmt viel Raum in Anspruch, ist umständlich und verwirrend. Sie konnte sich bislang nicht durchsetzen. Es genügen meines Erachtens: Gericht – Entscheidungsdatum – Nummer der Rechtssache/Aktenzeichen – Randnummer. Mit diesen Angaben kann die Entscheidung in der Entscheidungsdatenbank aufgefunden werden. Zusätzlich können Parteien genannt werden.
Beispiel: EuGH, Urt. v. 31.3.2022 – C-96/21 Rdn. 32 oder EuGH, Urt. v. 31.3.2022 – C-96/21 Rdn. 32 – CTS Eventim.[76]

Wurde eine Gerichtsentscheidung in mehreren Zeitschriften gleichzeitig veröffentlicht, genügt es regelmäßig, die Zeitschriftenquelle anzugeben, die am ehesten zugänglich ist. Bei richtungsweisenden Entscheidungen können mehrere Zeitschriftenquellen nebeneinander angegeben werden. Es ist durch ein = kenntlich zu machen, dass sich die Angaben auf dieselbe Entscheidung beziehen. Es darf nicht der Eindruck entstehen, es handle sich um verschiedene Entscheidungen.
In manchen Gerichtsentscheidungen wird deutlich gemacht, dass diese hinsichtlich der Auseinandersetzung mit einer Rechtsfrage auf früheren Entscheidungen aufbauen, die ihrerseits detailliert zitiert werden. Es bedarf dann nicht der Anführung aller Entscheidungen in der Fußnote. Es genügt die Angabe der jüngsten Entscheidung, die ihrerseits frühere Entscheidungen zitiert mit dem Vermerk *m. w. N.*, der für *mit weiteren Nachweisen* steht. Dieser Vermerk macht dem Leser deutlich, dass in dieser Entscheidung Hinweise auf die frühere Rechtsprechung enthalten sind und diese Quellen dort nachgelesen werden können.
Die Rechtsprechung wird nach Gerichtszweigen und der Hierarchie der Gerichte geordnet aufgeführt. Internationale Gerichte werden vor den nationalen Gerichten genannt. Bei Entscheidungen der Gerichte derselben Hierarchieebene wird entweder mit der ältesten Entscheidung oder jüngsten Entscheidung begonnen. Auf eine einheitliche Darstellung ist zu achten.[77] Auf jeden Fall sollten die richtungsweisenden Entscheidungen angegeben werden. Diese kann man durch Zusätze wie *BVerfGE 34 S. 269, 282 – Soraya* hervorheben.

---

76 Weitere Beispiele bei Byrd/Lehmann (2016) S. 62 ff.; Vogel (2020) S. 162 f.
77 Gerstmann (2021) S. 97; Kleinhenz/Deiters (2005) S. 79; Putzke (2021) S. 94.

Manche nichtamtlichen Entscheidungssammlungen haben ein eigenes Ordnungssystem wie *BVerwGE Buchholz 40 2. 24 § 10 AuslG Nr. 98*. Dieses Ordnungssystem ist der Zitierweise zugrunde zu legen.
Soweit eine Entscheidung nur in einer Entscheidungsdatenbank wie juris veröffentlicht ist, sind das Gericht, die Art der Entscheidung, Datum der Entscheidung, Aktenzeichen und die juris-Dokumentennummer anzugeben.

8.2.2. Kommentare, Monografien, Aufsätze

Literaturzitate wie Kommentare, Monographien und Aufsätze können in den Fußnoten als Voll- oder Kurzbeleg auftauchen. Entscheidend ist, dass eine durchgehend einheitliche Darstellung gewählt wird.
Beim **Vollbeleg** wird die Literatur in vollem Umfang wie im Literaturverzeichnis aufgeführt einschließlich der exakten Seitenangabe oder der Randnummer, der das Zitat entnommen ist. Nur Vorname, Erscheinungsort und Verlag – soweit der Verlag überhaupt im Literaturverzeichnis genannt wird – können weggelassen werden.[78] Um die Fußnoten nicht unnötig auszuweiten, wird von manchen Autoren empfohlen, den Vollbeleg nur anzugeben, wenn eine Quelle zum ersten Mal aufgeführt wird. Später genüge bei erneuter Nennung der Quelle der Kurzbeleg. Neben dem in wissenschaftlichen Arbeiten unverzichtbaren Literaturverzeichnis ist meines Erachtens ein Vollbeleg selbst bei der ersten Nennung einer Quelle nicht erforderlich.[79] Wer sich für die Einzelheiten interessiert, kann diese im Literaturverzeichnis nachlesen. Deshalb ist der Vollbeleg entbehrlich. Er führt nur dazu, dass der Fußnotenapparat anschwillt. Leser einer wissenschaftlichen Arbeit schauen nicht in jeder Fußnote nach den Quellen, sondern nur dann, wenn ihnen diese wichtig erscheinen. Viele Fußnoten und Quellen werden nicht gelesen. Da die Übung sehr unterschiedlich ist, sollten die Studierenden sich in dieser Frage an die Formvorschriften der Hochschule halten und soweit solche fehlen, sollten sie sich bei ihrem Betreuer rückversichern.
Die folgenden Erläuterungen beschränken sich auf den **Kurzbeleg**. Der Kurzbeleg genügt meiner Ansicht nach schon bei der ersten Nennung einer Quelle, spätestens wenn eine Quelle zum zweiten Mal genannt wird, da die Quelle bereits umfassend im Literaturverzeichnis umschrieben ist. Der Kurzbeleg hat die Funktion, in kurzer eindeutiger Form Auskunft über die zitierte Quelle zu geben. Er ist bei der Zitierweise durch Einschübe in Klammern im laufenden Text üblich, weshalb nichts dagegen spricht, ihn auch in Fußnoten genügen zu lassen. Er darf die vollständige Quellenangabe dem Literaturverzeichnis überlassen. Der Kurzbeleg soll vermeiden, dass die Fußnoten mehr als notwendig Raum beanspruchen. Eine einheitliche Darstellung des Kurzbelegs hat sich weder in den verschiedenen Wissenschaftsbereichen noch in einem Wissenschaftsbereich herausgebildet. Es gilt die Maxime, dass in einem Werk einheitlich zitiert werden und gewährleistet sein muss, dass die Angaben zum Auffinden der Quelle genügen.

---

78 Präferiert von Wördenweber (2019) S. 158; Möllers (2021) S. 121.
79 Ebenso Karmasin/Ribing (2019) S. 122; Preißner (2012) S. 111; Schenk (2005) S. 211; a. A. Manschwetus (2020) S. 219.

Für den Kurzbeleg genügen bei Monografien neben einem Literaturverzeichnis:
- Name des Autors oder Herausgebers (mit Hrsg.-Kürzel)
- Erscheinungsjahr in Klammern
- Seitenangabe

Des Vornamens oder des Anfangsbuchstabens des Vornamens bedarf es nur bei Verwechslungsgefahr. Bei der Seitenangabe kann das *S.* vor der Seitenzahl weggelassen werden. Wird in einer wissenschaftlichen Arbeit auf verschiedene Werke desselben Autors aus demselben Erscheinungsjahr verwiesen, ist für jedes Werk nach dem Erscheinungsjahr ein Kleinbuchstabe zu vergeben und dies ist im Literaturverzeichnis ebenfalls anzugeben *(2022a)*.

Bei Beiträgen aus **Zeitschriften** ist beim Kurzbeleg nach dem Namen des Autors der Zeitschriftenname mit Jahrgang und Heftzählung, wenn keine durchgehende Seitenzählung besteht, und die Seitenzahl anzugeben.

Zu nennen ist die Seitenzahl, mit welcher der Aufsatz beginnt und die Seitenangabe, auf der sich das Zitat befindet. Es erscheint nicht erforderlich, den Titel des Aufsatzes zu wiederholen. Dieser steht im Literaturverzeichnis. Gibt es für den Zeitschriftennamen eine Abkürzung, genügt der abgekürzte Zeitschriftenname wie Werner, VBlBW 1997 S. 1, 4. Soweit anstelle des Jahrgangs die Zeitschrift in Bänden gezählt wird, ist die Bandzahl anzugeben.

Bei Beiträgen in **Sammelwerken** wird vorgeschlagen, neben dem Autor und den Angaben zu seinem Beitrag noch die weiteren Angaben zum Sammelwerk aufzunehmen. Diese Vorgehensweise führt meines Erachtens zu einer unnötigen und damit verwirrenden Fülle an Angaben in der Fußnote. Der Name des Autors und die Seitenangaben können hier genügen, da diese zum Auffinden des vollständigen Titels im Literaturverzeichnis reichen. Das Literaturverzeichnis weist den Beitrag nach und das Sammelwerk, dem er entnommen ist. Nur wenn dieser Kurzbeleg nicht eindeutig zur Angabe im Literaturverzeichnis führt, sind ausnahmsweise der Herausgeber und der Titel des Sammelwerkes aufzunehmen.

Bei **Kommentaren** ist der Name des Bearbeiters der zitierten Kommentarstelle zusätzlich zum Kommentar zu nennen: *Retzlaff – Grüneberger ...*, *Retzlaff in Grüneberger ...* oder *Grüneberger/Retzlaff ...*

Im Literaturverzeichnis wird der Bearbeitername nicht genannt. Hier erscheint nur der Name des Kommentars. Für manche Kommentare wurden Abkürzungen eingeführt, die eine umständliche Zitierweise vermeiden sollen. Statt dem Münchener Kommentar findet sich die Abkürzung *MK*. Diese Abkürzungen dürfen für die Fußnoten übernommen werden. In diesem Fall ist die Abkürzung im Abkürzungsverzeichnis zu erläutern.

Soweit ein Werk Randnummern verwendet, wie es gerade bei Kommentaren anzutreffen ist, ist diese Angabe der Seitenangabe vorzuziehen. Randnummern ermöglichen ein rasches und zielgerichtetes Auffinden der zitierten Textstelle innerhalb einer Seite. Die Seite muss nicht vollständig nach der Zitatstelle durchgesehen werden.

Vorrangig sind die Autoren anzuführen, die sich ausführlich mit einer Rechtsfrage befasst haben und die prägend und stellvertretend für eine Meinung stehen. Soweit diese Autoren sich mit genauer Angabe der Belegstelle auf andere

Literatur beziehen, kann mit dem Vermerk *m. w. N.* auf diese weiteren Quellen verwiesen werden, ohne diese im Einzelnen aufführen zu müssen. Auf keinen Fall darf der Bearbeiter diese im Verweis gefundenen Angaben ungeprüft als eigene Quelle in die Fußnote und ins Literaturverzeichnis einstellen. Diese Blindzitate bergen die Gefahr, dass die Bearbeiter fehlerhafte oder missverständliche Zitate übernehmen oder sich ein Bruch in der Zitierweise einstellt, weil der Bearbeiter anderen Zitierregeln folgt als der Autor, auf den verwiesen wird. Dieser Autor verweist vielleicht noch auf alte Auflagen eines Werkes, während es mittlerweile bereits eine neue Auflage gibt.

8.2.3. Internet-Belege

Die Verwendung von Quellen aus dem Internet ist ebenfalls zitierpflichtig. Hat die Quelle einen Verfasser oder Sachtitel, die im Literaturverzeichnis mit URL (z. B. http://…) und Abrufdatum aufgeführt sind, kann es genügen, den Verfasser oder Sachtitel in der Fußnote anzugeben. Von der URL in der Fußnote kann meines Erachtens abgesehen werden, wenn die Angabe zum Verfasser oder zum Sachtitel in der Fußnote eindeutig zu deren Bezeichnung im Literaturverzeichnis mit URL und Abrufdatum führen. Das gelingt nicht, wenn die Quelle weder einen Verfasser noch einen Sachtitel hat. Um Missverständnisse zu vermeiden, wird bei Internetquellen kein Punkt als Zeichen für das Ende der Fußnote gesetzt. Da Internet-Material zumeist nur zeitlich befristet zur Verfügung steht oder später Änderungen, Ergänzungen vorgenommen werden, ist seine Kontrollierbarkeit durch einen Ausdruck zu gewährleisten, der in den Anhang der Arbeit aufzunehmen ist und das Datum des Abrufs auf dem Ausdruck anzugeben.[80] In der Fußnote ist deshalb ein Verweis aufzunehmen, dass diese Quelle in den Anhang eingestellt wurde, mit der dazugehörigen Anlagenummer und dem vergebenen Titel wie *vgl. Anhang: Anlage 5 Geburtenrate, S. …* Gehen längere Internet-Adressen (URL) über mehr als eine Zeile hat die Trennung am Zeilenende zu erfolgen, ohne dass ein Bindestrich eingefügt wird oder direkt nach einem Schrägstrich, der zur Internetadresse gehört.

Vorrangig sollte jedoch aus einem Buch oder einer Fachzeitschrift zitiert oder eine inhaltsgleiche Quelle herangezogen werden, wenn diese Quelle auch als Print-Medium verfügbar ist. Diese sind dauerhaft zugänglich. Es bedarf nicht der umfangreichen Angaben in Fußnoten und im Literaturverzeichnis, bei denen häufig Fehler unterlaufen. Der Umfang des Anhangs hält sich bei dieser Vorgehensweise in Grenzen.

8.2.4. Tabellen und Abbildungen

Bei übernommenen Tabellen und Abbildungen wird die Quelle zumeist direkt unter der Darstellung aufgeführt.[81] Nach dem Hinweis *Quelle:* folgen die Angaben zu derselben. Deshalb bedarf es keines zusätzlichen Hinweises in der Fuß-

---

80 Möllers (2021) S. 138.
81 Brink (2013) S. 176; Heesen (2021) S. 69; Kornmeier (2021) S. 320; Wördenweber (2019) S. 149; a. A. Karmasin/Ribing (2019) S. 127; Kropp (2010) S. 59 Quellenangabe in Fußnote.

note. Die Quelle ist im Literaturverzeichnis aufzuführen. Die Quellenangabe ist ein Gebot der §§ 2, 51 UrhG. Es dürfen nur Abbildungen übernommen werden, die in einem Zusammenhang mit der Arbeit stehen. Wurden Änderungen an einer Grafik oder Tabelle vorgenommen, ist dies durch den Zusatz *Quelle: nach …* hervorzuheben. Hat der Verfasser Abbildungen selbst entwickelt, kann dies durch den Hinweis *eigene Darstellung* verdeutlicht werden, wenngleich dies selbstverständlich sein sollte, wenn keine fremde Quelle angegeben wird.

Es darf nicht versäumt werden, die im Textteil aufgenommenen Tabellen und Abbildungen mit einer Nummer und Überschrift zu versehen, die ins Verzeichnis der Abbildungen und Tabellen mit der Seitenangabe aufzunehmen sind. Nicht ins Tabellen- und Abbildungsverzeichnis aufzunehmen sind solche im Anhang. Diese werden im Anlagenverzeichnis aufgeführt, so ein solches besteht.

8.2.5. Quantitative Kriterien

Die Menge der Quellen, die in der Fußnote Aufnahme findet, sollte in einem angemessenen Verhältnis zur Bedeutung der Aussage stehen. In einer Fußnote können mehrere Quellen benannt werden. Für die Quantifizierung haben sich folgende Kriterien entwickelt:

- Ein Randproblem der Arbeit darf gegenüber einem Hauptproblem nicht mehr Fundstellen erhalten.
- Wird eine herrschende Ansicht dargestellt, bedarf es zur überzeugenden Darstellung mehrerer Quellen aus Rechtsprechung bzw. Literatur.
- Wird eine umstrittene Meinung dargestellt, bedarf es Pro- und Contra-Angaben.
- Für Selbstverständlichkeiten bedarf es keines Zitats.
- Ergibt sich eine Aussage aus dem Gesetz, bedarf es keiner Nachweise.[82]

Wird in einer wissenschaftlichen Arbeit mehrmals dieselbe Gerichtsentscheidung oder dasselbe Werk eines Autors in Bezug genommen, sollte der Bearbeiter die Quelle möglichst ein jedes Mal zitieren. Die Verweisungen mittels den Kürzeln *a. a. O.* (am angegebenen Ort), *ebd.* (ebenda) oder *ders.* (derselbe) auf frühere Quellenangaben sind umständlich zu handhaben, da sie sich auf vorangegangene Belegstellen beziehen. Statt relevanter Platzersparnis bewirken diese Verweisungstechniken Informationsverluste und Verwirrung.[83] Die wiederholte Angabe der Quelle durch Kurzbelege erspart dieses umständliche rückwärtsgewandte Suchen, die Gefahr von Fehlinterpretationen und nimmt kaum mehr Platz in Anspruch als die Verwendung des Kürzels.

Die Fußnoten sind so zu formulieren, dass der Leser ihren Aussagegehalt eindeutig erkennen kann. Hierzu sind im Einzelfall erläuternde Anmerkungen zu verwenden wie *vgl., ebenso, ebenfalls, entsprechend, so, siehe …, mit anderer Begründung …, a. A., andere Ansicht, diese Ansicht wird nicht geteilt von …, grundlegend …, zuletzt …*[84]

Die Anmerkungen sind auf das absolut notwendige Mindestmaß zu beschränken. Von Randbemerkungen in den Fußnoten ist nur zurückhaltend Gebrauch

---

82 Das Gesetz ist im Text zu bezeichnen, ohne es im Wortlaut wiederzugeben.
83 Theisen (2021) S. 142; a. A. Wördenweber (2019) S. 182 f.
84 Brühl (1992) S. 166.

zu machen. Solche Randbemerkungen bewirken für den Leser ein umständliches Hin- und Herspringen vom Textteil zum Fußnotenapparat und weiten den Fußnotenapparat aus. Ein umfangreicher Anmerkungsapparat verkennt das Ziel einer wissenschaftlichen Arbeit. Die wissenschaftliche Auseinandersetzung hat im Textteil der Arbeit und nicht in den Fußnoten zu erfolgen.

Wissenschaftlichkeit darf nicht mit dem bloßen Umfang des Fußnotenapparates verwechselt werden. Zitiert ein bei der Literaturrecherche aufgefundener Autor in seinem Werk nur fremde Ansichten, ohne einen eigenen Beitrag beizusteuern, sich damit auseinandergesetzt zu haben, braucht er nicht genannt zu werden. Zu nennen sind die Autoren, die eigene Ansichten entwickelt haben, die zur Fundierung fremder Ansichten mit eigenen Argumenten beigetragen oder sich eingehend mit einer Fragestellung beschäftigt haben.

9.   Die Sprache wissenschaftlicher Arbeiten

Die Suche nach dem richtigen Wort, das Arbeiten an der Formulierung ist nicht nur eine kosmetische Randerscheinung. Sprache verfolgt den Zweck, Sinn und logische Strukturen herzustellen. Formulierung ist Arbeit am Inhalt. Die Sprache zielt darauf ab, den Inhalt klar, unmissverständlich und prägnant zu transportieren.[85] Dem Verfasser einer wissenschaftlichen Arbeit bietet sich eine Vielfalt von stilistischen Formen an. Eine wissenschaftliche Arbeit mit juristischer Fragestellung sollte die in diesem Fachgebiet eingeführten Darstellungsweisen und Sprachgepflogenheiten berücksichtigen.

9.1.   Wort und Satz

In Wörtern und Sätzen drückt der Verfasser der Arbeit seine Gedanken und Erkenntnisse aus. Diese müssen klar, verständlich und flüssig sein. Sind Sprache und Formulierungen unklar, legt dies die Vermutung nahe, dass die dahinterstehenden Gedanken ebenfalls im Unklaren liegen. Muss der Leser einen Satz mehrmals lesen, um ihn zu verstehen, geht dies zu Lasten des Verfassers. Es entsteht der Eindruck, der Verfasser könne seine Gedanken nicht klar strukturieren und dieser Mangel hängt nicht nur diesem Satz, sondern der Arbeit selbst und der Durchdringung der Thematik an. Klare, unmissverständliche Aussagen lassen sich am ehesten durch prägnante, kurze Formulierungen erreichen. Bezüge in Sätzen müssen klar sein. Es muss klar sein, wer *es, dieser, welcher,* ist und was *das, wessen* ist. Satzbezüge müssen eindeutig sein. *Der Autofahrer hat den Fußgänger überfahren. Er war abgelenkt.* Wer war abgelenkt: Der Autofahrer oder der Fußgänger?
Bei Abfassung einer wissenschaftlichen Arbeit sind die gängigen technischen **Fachbegriffe** zu verwenden. Diese erlauben eine präzise Darstellung ohne umschweifende Erläuterungen. Der fachkundige Leser versteht ohne Weiteres deren Bedeutung. Es ist jedoch darauf zu achten, ob es sich um eindeutige technische Fachbegriffe handelt: So können unter den Gesetzesbegriff sowohl formelle wie materielle Gesetze fallen. Ist ein Begriff mehrdeutig oder unscharf, kann diesem Defizit durch eine Definition oder einen klarstellenden Hinweis abgeholfen werden. Hierbei handelt es sich um eine Präzisierung, die in juristischen Arbeiten häufig erforderlich ist und in Gesetzen mit Legaldefinitionen praktiziert wird. Hingegen sind **Fremdwörter**, die keine Fachbegriffe sind, zu vermeiden.
Die Sprache ist das Handwerkszeug des Juristen. Da Juristen nicht für sich schreiben, sondern sich anderen mitteilen wollen, müssen sie deren Kenntnisstand und Auffassungsgabe, deren Empfängerhorizont bedenken. Überlange Bandwurm- und **Schachtelsätze** dienen nicht der Verständlichkeit.
Beispiele für unverständliche Satzgebilde hat der Gesetzgeber in §§ 122 Abs. 1, 229 BGB gegeben. Diese Beispiele für ein unverständliches, in sich verschlunge-

---

[85] Bänsch/Alewell (2020) S. 20.

nes Juristendeutsch sollten Anlass dafür sein, die eigenen Sätze auf Verständlichkeit zu hinterfragen: Ist ein Satz länger als drei Zeilen sollte er unbedingt darauf untersucht werden, ob er sich nicht in mehrere Sätze auflösen lässt. Dies gilt erst recht, wenn in einem Satz mehrere Gedanken und Nebensätze enthalten sind.[86] Erforderliche Aufzählungen in einem Satz können dadurch an Verständlichkeit gewinnen, dass diese Aufzählungselemente untereinandergestellt werden und jedem Element ein Spiegelstrich vorangestellt wird.

Die aufeinander folgenden Sätze einer Abhandlung sollen den Ablauf des Gedankenganges widerspiegeln. Also müssen die Sätze inhaltlich aufeinander aufbauen. Verbindungen zwischen Sätzen und Gedanken lassen sich begrifflich hervorheben durch:[87]

- Grund   deswegen, deshalb
- Zweck   dazu
- Folge   also
- Einschränkung allerdings, hingegen
- zeitlich   vorher, danach.

Ein Gedankengang ist abzuschließen, bevor ein neuer Gedankengang aufgegriffen wird.[88] Zusammenhängende Gedankengänge und dazugehörige Sätze sind äußerlich erkennbar zu gruppieren. **Untergliederungen** oder Absätze dienen der optischen Abgrenzung von Sätzen und den dahinterstehenden Gedanken. Sie weisen auf Zusammenhänge hin.

Es gibt eine Reihe von Formulierungsweisen, die dem Verständnis abträglich sind oder den Leser ermüden und langweilen. Wissenschaftliche Arbeiten wollen etwas Interessantes vermitteln. Sie sollten es auch interessant vermitteln. Vermeiden Sie

- Verneinungen, wenn sich eine Aussage positiv formulieren lässt
- Doppelte Verneinungen wie *Der Autor darf keine doppelte Verneinung nicht benutzen*
- Genitiv-Sätze, die umständlich umschreiben, statt klar auszudrücken[89] wie *Die Feststellung der Rechtswidrigkeit der Maßnahme …*
- Häufung von unpersönlichen Passivsätzen wie *Bücher werden gedruckt, sie werden verkauft, sie werden gelesen, sie werden rezensiert*
- Übertriebenen Nominalstil wie *Bei Durchführung der Prüfung der Vollständigkeit der Anlagen unterlief ein Fehler.*

Passivsätze sind angemessen, wenn der Blick auf der Handlung liegt. Hingegen sind Aktivsätze zu verwenden, wenn der Handelnde im Blickpunkt steht.[90] Der Hund wurde überfahren (Passivsatz). A hat den Hund überfahren (Aktivsatz).

In juristischen Arbeiten ist häufig **Nominalstil** anzutreffen, wenn Sachverhalte mit Substantiven statt Verben dargestellt werden. Nominalstil erlaubt kurze und prägnante Formulierungen wie *Aufgabe der Polizei ist die Gefahrenabwehr.* Über-

---

86 Ebenso Hoffmann (2020) S. 35 f.; Lehmann (2019) S. 159; Kornmeier (2021) S. 260 empfiehlt nicht mehr als 10–15 Worte pro Satz; Schimmel (2020) S. 25, 77: maximal 15 Wörter pro Satz und maximal zwei Nebensätze im Satz.
87 Hoffmann (2020) S. 127.
88 Bänsch/Alewell (2020) S. 25 f.
89 Hoffmann (2020) S. 109.
90 Esselborn-Krumbiegel (2022) S. 58; Mix (2011) S. 78; Schimmel (2020) S. 91.

triebener Nominalstil geht auf Kosten der Verständlichkeit und ist hölzern wie *Die Rechtzeitigkeit des Eingangs der Klageschrift...* Verben wirken abwechslungsreicher und fördern den Lesefluss.[91] Zusammengesetzte Nomen wirken ebenfalls hölzern wie *Gesellschafterhaftung*. Gleichwohl haben sich manche zusammengesetzten Nomen schon zu Fachbegriffen entwickelt wie *Vaterschaftsanfechtungsklage* und finden sich in Gesetzen wie § 771 ZPO *Drittwiderspruchsklage*.
Die Lektüre einer wissenschaftlichen Arbeit ist oftmals recht trocken. Dies wird verstärkt, wenn der Sprachstil wenig Abwechslung bietet. Dem kann durch die Verwendung sinnverwandter Begriffe, sogenannter synonymer Begriffe, abgeholfen werden. Eine Arbeitshilfe bieten Synonymwörterbücher. Dies gilt nicht für Fachbegriffe.
Bei der Ausformulierung ist das **Gebot der Sachlichkeit** zu bedenken. Die Verwendung von verstärkenden Ausdrücken wie *eindeutig, abwegig, unsinnig, verfehlt, Fehlentscheidung* wirkt wenig überzeugend. Solche Verstärkerbegriffe vermögen die Auseinandersetzung mit sachlichen Argumenten nicht zu ersetzen, sondern wirken wie Killerphrasen. Begriffe wie *natürlich, selbstverständlich, offenkundig* sind ebenfalls fehl am Platz. In wissenschaftlichen Arbeiten werden Selbstverständlichkeiten gerade hinterfragt und durchleuchtet. Solche Scheinargumente sind zu vermeiden.
Umgangssprachliche Wendungen, ein salopper Tonfall und Übertreibungen wie *unglaublich, unsinnig* lassen die gebotene Sachlichkeit vermissen. Dies gilt gleichfalls für „flotte" journalistische Sprachwendungen.
Als Verstärkung werden gerne **Füllwörter** wie *auch, nun, aber, aber auch* verwendet. Sie vermitteln Unsicherheit. Monotonie der Sprache ist bei wiederholter Verwendung die Folge.
Indirekte Zitate sollten sprachlich korrekt durch die Verwendung des **Konjunktivs** ausgedrückt werden[92] wie *Die Rechtsprechung erklärt, dass dies rechtswidrig sei.* Wird der Konjunktiv verwendet, wird deutlich gemacht, dass fremde Gedanken wiedergegeben werden. Vielen Studierenden fällt es schwer, den Konjunktiv richtig zu bilden. Deshalb gilt es mittlerweile als akzeptabel, den Infinitiv zu verwenden wie *Die Rechtsprechung erklärt, es ist rechtswidrig.*[93]
Eine breite Diskussion dreht sich um **gendergerechte Sprache**. Einigkeit besteht darin, dass geschlechtsneutrale Formulierungen zu verwenden sind, soweit dies sprachlich möglich ist: *Arbeitnehmer* und *Arbeitnehmerinnen* sind durch *Beschäftigte* zu ersetzen. Unschön aber weithin üblich sind Verlaufsformen wie *Studierende* statt *Studenten* und *Studentinnen*. Gender-Cap und Gender-Stern werden als Abhilfe angeboten. Diese wirken jedoch umständlich und stören den Lesefluss. Deshalb ist noch immer die Gleichstellungsklausel, das generische Maskulin, wonach männliche Personenbezeichnung für jedes Geschlecht gelten, als der Lesbarkeit geschuldete Notlösung weit verbreitet und wird in diesem Werk so gehandhabt.[94]

---

91 Esselborn-Krumbiegel (2022) S. 54 ff.; Hoffmann (2020) S. 106; Mix (2011) S. 77; Schimmel (2020) S. 48, 99.
92 Brandt (2016) S. 129; Gerstmann (2021) S. 94; Klippel (2020) S. 69.
93 Esselborn-Krumbiegel (2022) S. 119; Hoffmann (2020) S. 14 ff.; Prexl (2019) S. 67.
94 Ebster/Stalzer (2017) S. 93; Franck (2013) S. 83; Hoffmann (2020) S. 114; Putzke (2021) S. 27.

9.2. Perspektive der Darstellung

Eine wissenschaftliche Arbeit setzt einen objektiven, distanzierten Blickwinkel des Verfassers voraus. Deshalb ist die **Ich-Form** in wissenschaftlichen Arbeiten mit juristischer Thematik und in der Regel auch bei anderer Themenstellung unangebracht. Richter, Staatsanwälte und Verwaltungsfachleute sind zur Unparteilichkeit verpflichtet. Subjektivität ist fehl am Platz. Deshalb war lange Zeit die Ich-Form in wissenschaftlichen Arbeiten verpönt.

Meines Erachtens bestehen gegen eine wohl dosierte Verwendung der Ich-Form keine Bedenken, soweit sich diese auf einzelne Stellungnahmen und Ergebnisse des Verfassers beschränkt.[95]

Wissenschaftliche Arbeiten leben von der breiten Darstellung verschiedener in Literatur und Rechtsprechung vertretenen Ansichten. Trotzdem hat der Verfasser diesen Meinungsstreit einer Lösung zuzuführen, eine Stellungnahme zu bestimmten Meinungen abzugeben, praktische Vorschläge zur Umsetzung zu finden und zu bewerten sowie einen Ausblick auf die zukünftige Entwicklung der Rechts- und Sachlage zu geben. Dabei handelt es sich um nichts anderes als um eine Wertung, der immer ein subjektives Moment anhaftet. Dieses subjektive Moment kann hinter scheinbar objektiven Aussagen wie *dem ist entgegenzuhalten, dem kann nicht gefolgt werden, das ist in Frage zu stellen, daraus ergibt sich, dem ist zuzustimmen* verborgen werden.

Man-Sätze sind zu vermeiden. Die Man-Form soll Allgemeingültigkeit vortäuschen. Diese Allgemeingültigkeit ist in den wenigsten Fällen wirklich gegeben. In einer wissenschaftlichen Arbeit geht es nicht um verallgemeinertes Wissen, sondern um spezielles Fachwissen. Man-Sätze sind unpersönlich und wirken rasch monoton. Bei einer wiederholten Verwendung der Man-Form wird schnell deutlich, um was es sich handelt: Eine stupide Aneinanderreihung von Allgemeinplätzen.

9.3. Paragrafenangaben

Befasst sich eine wissenschaftliche Arbeit mit einer juristischen Problematik, sind die dazugehörigen Gesetzestexte heranzuziehen. Die einschlägigen Vorschriften sind exakt als Paragrafenangaben zu zitieren, ohne dass der Gesetzestext wiederzugeben ist. Es gibt verschiedene Zitierweisen wie § 832 Abs. 1 S. 2 BGB oder § 832 I S. 2 BGB oder § 832 I 2 BGB. Die erste Variante erscheint am eindeutigsten. Gleichwohl spielt es keine Rolle, welche Zitierweise gewählt wird. Es kommt nur auf eine einheitliche und präzise Zitierweise an, die keine Zweifelsfragen offen lässt.[96] Der Gesetzestext ist als bekannt bzw. dem Leser zugänglich zu unterstellen. Es ist deshalb nicht erforderlich, den Text wiederzugeben. Ausnahmsweise kann aus dem Gesetzestext zitiert werden, soweit es auf eine

---

95 Bänsch/Alewell (2020) S. 23; Esselborn-Krumbiegel (2022) S. 14, 59; Franck (2013) S. 131; Karmasin/Ribing (2019) S. 41; Manschwetus (2020) S. 258; Tettinger/Mann (2009) S. 227 f.; Theisen (2021) S. 143; a. A. Eco (2020) S. 195 f.: keine Ich-Form.

96 Einzelheiten bei Prexl (2019) S. 96; Wördenweber (2019) S. 166 ff.

bestimmte Formulierung ankommt und der Verfasser hierauf abstellen, hierauf näher eingehen will. Soweit bei der grammatikalischen Auslegung der Gesetzeswortlaut bedeutsam ist, kann es empfehlenswert sein, diesen wiederzugeben. Es sollte davon abgesehen werden, die Paragrafenangaben in die Fußnote zu verbannen. Diese sind Teil der Ausführungen und gehören in den laufenden Text der Arbeit.

10. Die Gestaltung

Das äußere Erscheinungsbild einer wissenschaftlichen Arbeit ist der erste Eindruck, den die Gutachter und Leser der Arbeit haben werden. Nicht umsonst heißt es: *Für den ersten Eindruck gibt es keine zweite Chance.* Eine gelungene äußere Gestaltung kann inhaltliche Mängel nicht ausgleichen. Sie kann aber einer inhaltlich gelungenen Arbeit den angemessenen äußeren Rahmen verleihen. Die Arbeit am Rechner bietet für die Gestaltung viele Hilfestellungen und Möglichkeiten.

An manchen Hochschulen gibt es Formvorschriften für die Gestaltung wissenschaftlicher Arbeiten. Diese Formvorschriften sind einzuhalten. Sie verkörpern die Erwartungshaltung des Lesers und Gutachters im jeweiligen Fachgebiet. Sie dienen der Vergleichbarkeit der wissenschaftlichen Arbeiten. Soweit es an der Hochschule, an der die Arbeit eingereicht wird, keine solchen Formvorschriften gibt, können die folgenden Erläuterungen herangezogen werden.

10.1.   Seitengestaltung

Das Papierformat beträgt DIN A4. Die Blätter sind nur einseitig zu beschriften. Es ist ein klares Schriftbild wie Arial oder Times New Roman zu wählen.

Bei einer wissenschaftlichen Arbeit können Schriftgröße und Zeilenabstand zwischen den einzelnen Teilen der Arbeit variieren. Für das Titelblatt ist eine größere Schriftgröße angezeigt als für die anderen Teile der Arbeit. Zwischen den Überschriften und dem laufenden Text bietet sich ein größerer Abstand an als im laufenden Text.

Der Textteil der wissenschaftlichen Arbeit ist in Schriftgröße 12 zu erstellen. Es ist ein Zeilenabstand von 1,5 zu wählen. Sind wörtliche Zitate länger als 3 Zeilen, sind diese eingerückt mit einem Zeilenabstand von 1 abzufassen.

Blocksatz wirkt optisch ansprechender als Flattersatz mit unterschiedlichen Zeilenlängen. Bei Blocksatz sollte Silbentrennung verwendet werden, um auftretende Lücken zwischen den Worten zu vermeiden. Bei Silbentrennungen am Zeilen- und Seitenende sind die Lesbarkeit und die Verständlichkeit der Trennung zu bedenken. Es sollten nur verständliche Wortteile getrennt werden. Die automatische Silbentrennung bei der Arbeit am Rechner ist hierauf zu überprüfen. Zu vermeiden sind nach Möglichkeit Trennungen am Seitenende.

Eine Überschrift darf nicht am Seitenende ohne dazugehörige Textzeilen stehen. Eine Seite sollte nicht mit der ersten Zeile eines neuen Absatzes enden. Eine neue Seite sollte nicht mit der letzten Zeile eines Abschnittes beginnen. Hierbei handelt es sich um rein optische Gestaltungskriterien, die vernachlässigt werden können.

Fettdruck und Kursivdruck, Anführungsstriche im Text zur Hervorhebung einzelner Worte oder ganzer Passagen sollte der Verfasser nur begrenzt verwenden. Eine zu häufige Verwendung dient nicht der Hervorhebung, sondern führt zur

Verwirrung und Unübersichtlichkeit. Das Schriftbild „verschwimmt" vor den Augen.

Gliederungsüberschriften sind im Text hervorzuheben, wofür sich Fettdruck bzw. größere Schrift anbieten. Sie können vom vorangehenden Text und vom folgenden Text durch Leerzeilen abgesetzt werden. Vor zu vielen Leerzeilen muss gewarnt werden. Sie lassen die Seite leer erscheinen und es stellt sich die Frage, wo der Inhalt bleibt.

Die Fußnote wird im laufenden Text hinter der Passage angebracht, auf die sie sich bezieht oder sie erfolgt am Satzende im Anschluss an das Satzzeichen. Die Nummerierung der Fußnoten erfolgt in arabischen Zahlen. Sie kann auf verschiedene Weise erfolgen:
- auf jeder Seite wird neu mit Fußnote 1 begonnen
- es wird die ganze Arbeit durchlaufend nummeriert.

Die durchlaufende Nummerierung der Fußnoten ist üblich da übersichtlicher. Die Fußnoten sind vom Textteil durch einen durchgehenden waagerechten Strich abzugrenzen. Sie werden im Gegensatz zum Textteil in Schriftgröße 10 mit einem einzeiligen Zeilenabstand geschrieben. Dies verhindert, dass der Fußnotenapparat gegenüber dem Textteil das optische Übergewicht erlangt.

Das Literaturverzeichnis kann wie der Textteil in Schriftgröße 12 mit einem Zeilenabstand von 1,5 abgefasst werden. Der besseren Unterscheidbarkeit können folgende alternative Gestaltungen dienen:
- Innerhalb einer Literaturangabe, die sich über mehrere Zeilen erstreckt, genügt ein einfacher Zeilenabstand. Hingegen ist zwischen den einzelnen Literaturangaben ein Zeilenabstand von 1,5 zu wählen.
- Geht die Literaturangabe über mehrere Zeilen, ist die zweite und die folgende Zeile um 3 bis 5 Anschläge einzurücken.

10.2.   Leeranschlag bei Satzzeichen

Es herrscht einige Unsicherheit im Umgang mit Leeranschlägen vor und hinter Satzzeichen. Die folgenden Regeln können dem abhelfen:
- Vor Satzzeichen steht kein Leeranschlag. Das Satzzeichen folgt auf das letzte Zeichen des vorhergehenden Textes.
- Nach einem Satzzeichen folgt ein Leeranschlag.
- Vor einer öffnenden Klammer steht ein Leeranschlag.
- Hinter einer öffnenden Klammer folgt kein Leeranschlag. Es folgt das erste Zeichen des in die Klammer eingefügten Textes.
- Vor einer schließenden Klammer steht kein Leeranschlag. Die Klammer folgt direkt auf das letzte Zeichen des in die Klammer eingesetzten Textes.
- Hinter der schließenden Klammer folgt ein Leeranschlag. Der Leeranschlag entfällt, wenn hinter der Klammer ein Satzzeichen folgt.
- Steht ein abgeschlossener Satz in Klammern, so gehört das abschließende Satzzeichen mit in die Klammer.
- Hinter öffnendem und vor schließendem Anführungszeichen steht kein Leeranschlag.

– Vor und nach Gedankenstrichen steht ein Leeranschlag. Der Leeranschlag entfällt bei einem nachfolgenden Satzzeichen.
– Nach Aufzählungszeichen wie 1., a) folgt ein Leeranschlag.

10.3. Strukturierung des Textes

Studierende neigen dazu, ihre Texte zu sehr durch Gliederungen und Überschriften aufzulösen. Zusammengehöriges kann hierdurch auseinander gerissen werden. Lesbarkeit und Verständlichkeit des Textes leiden darunter. Eine Untergliederung darf nur verwendet werden, um optisch Raum für gleich geordnete Kapitel zu schaffen. Die Zusammenhänge und Abfolgen zwischen verschiedenen Gliederungspunkten sind explizit zu erläutern, wenn dies nicht offensichtlich ist. Eine weitergehende Strukturierung des Textes sollte mit drucktechnischen Mitteln erfolgen. Hierfür gibt es verschiedene Möglichkeiten:[97]
– Hierzu zählen Absätze, um sinnvolle Gedanken- und Leseeinheiten optisch voneinander abzusetzen. Ein Absatz sollte aus mehr als zwei Sätzen bestehen.
– Vorgesetzte Spiegelstriche können nicht nur Aufzählungen und Thesen, sondern auch Zusammenfassungen kenntlich machen. Es ist darauf zu achten, dass der Text hinter dem Spiegelstrich nicht allzu lange ist. Ansonsten geht der Charakter einer Aufzählung und Zusammenstellung verloren.
– Einzüge vermögen wichtige Passagen optisch abzusetzen und hervorzuheben. Mit Einzügen ist sparsam umzugehen. Ansonsten wird der Text wie bei feinsten Untergliederungen zergliedert.

---

97 Theisen (2021) S. 107.

11. Die wissenschaftliche Eigenleistung

Die Studierenden sollen mit einer wissenschaftlichen Arbeit ihre Fähigkeit zu selbstständigem wissenschaftlichem Arbeiten unter Beweis stellen. Sie sollen zeigen, dass sie die anerkannten Methoden des wissenschaftlichen Arbeitens in ihrer Fachdisziplin im Allgemeinen und besonders im Rahmen des gestellten Themas beherrschen.

11.1. Juristische Methodenlehre

Bei Themen mit juristischen Fragestellungen erfordert dies die kritische Auseinandersetzung mit den einschlägigen Gesetzen, den vorgefundenen Aussagen in Literatur und Rechtsprechung hierzu, die kritische Durchleuchtung der Rechtslage. Eine vorgefundene Praxis in der Rechtsprechung, in der Verwaltungsübung und im Geschäftsleben ist zu hinterfragen:

– Gesetze können gegen höherrangiges Recht verstoßen.
– Gebührensatzungen müssen vielfältigen Anforderungen genügen und gelten nicht aus sich heraus.
– Geht es um die Allgemeinen Geschäftsbedingungen einer Institution, sind diese nicht schon rechtswirksam, weil sie üblicherweise so verwendet werden. Sie sind an den speziellen Rechtsvorschriften und der Rechtsprechung zu Allgemeinen Geschäftsbedingungen zu messen.
– Eine seit langem geübte Verwaltungspraxis kann rechtswidrig sein. Nur hat es bislang niemand gerügt. Das Handeln der Verwaltungsbehörde ist auf ihre Rechtmäßigkeit zu hinterfragen.
– Manche öffentlichen Leistungen zugunsten Gewerbetreibender können gegen die Wettbewerbsregeln des Gemeinschaftsrechts verstoßen. Die Begünstigten haben keinen Anlass, dies zu beanstanden.
– Presseverlautbarungen können Rechte Dritter verletzen.

Unzulänglich ist es, wenn Studierende ohne Belege und ohne Begründung Rechtsbehauptungen aufstellen. Fußt eine Rechtsbehauptung auf einem Gesetz, ist dieses anzugeben; fußt sie auf Gewohnheitsrecht, der Rechtsprechung oder wird sie in der Literatur vertreten, sind diese Quellen zu zitieren. Auf keinen Fall darf offen gelassen werden, woher diese Behauptung stammt.

Die Arbeit darf sich nicht darauf beschränken, fremde Ansichten „nachzuerzählen" oder eine vorgefundene Situation zu beschreiben. Eine kritische Literaturauswertung beinhaltet, dass der Verfasser[98]

– vorgefundene Ansichten auf ihre Schlüssigkeit und Stichhaltigkeit hinterfragt
– auf innere Widersprüche hinweist, fragwürdige Feststellungen untersucht und Lücken in der Literatur und deren Argumentation aufdeckt
– selbst herrschende Ansichten aus gegebenem Anlass in Frage stellt

---

98 Bänsch/Alewell (2020) S. 40, 128.

- im Meinungsstreit die Schwachstellen herausarbeitet
- Meinungen auf ihre Plausibilität untersucht
- im Meinungsstreit Stellung bezieht und die eigene Ansicht begründet
- selbst erarbeitete Argumente, Sichtweisen und Ansichten darstellt
- alternative und praktische Lösungsansätze aufzeigt.

Zusammenfassend kann man sagen, es besteht für wissenschaftliche Arbeiten ein umfassender Begründungs- und Plausibilitätszwang.

Es kann vorkommen, dass zu einem bestimmten Thema oder einer bestimmten Fragestellung keine Literatur zu finden ist. Anhaltspunkte lassen sich der Literatur zu verwandten Themenkomplexen bzw. verwandten Rechtsgebieten entnehmen: Für den Störerbegriff im Zivilrecht kann der Störerbegriff im öffentlichen Recht und insbesondere dem Polizeirecht Anhaltspunkte bieten. Gleichwohl darf dieses Begriffsverständnis nicht einfach übernommen werden. Es ist zu prüfen, ob sich nicht aus den Grundsätzen des jeweiligen Rechtsgebietes Unterschiede auftun.

Rechtsfragen dürfen nicht dahingestellt bleiben, weil zur Anwendung und Auslegung von Rechtsvorschriften keinerlei Rechtsprechung und Literatur gefunden wurde. Es kann Anlass sein, erneut in die Literatursuche einzutreten. Die Suche nach Literatur und Rechtsprechung kann bei neueren Gesetzen und peripheren Rechtsvorschriften tatsächlich unergiebig sein. Gerade für solche Rechtsprobleme sind die von der Methodenlehre entwickelten Kriterien zur Gesetzesauslegung und Rechtsfortbildung anzuwenden. Die Suche nach Lösungen im Recht sowie die kritische Auseinandersetzung mit Literaturansichten zu bestimmten Rechtsfragen setzen voraus, dass der Bearbeiter die anerkannten Regeln der Auslegung und Rechtsfortbildung anzuwenden vermag. Der Bearbeitungszeitraum einer wissenschaftlichen Arbeit kann anders als bei Klausuren für eine historische Auslegung genutzt werden. Es sind die im Zusammenhang mit der Entstehung der Norm angefallenen Gesetzesmaterialien auszuwerten. Diese bieten regelmäßig auch Anhaltspunkte für eine teleologische Auslegung. **DIP** – Das Informationssystem für Parlamentarische Vorgänge auf den Seiten des Bundestags und **parlamentsspiegel.de** der Bundesländer bieten hierzu eine Vielzahl von Unterlagen an.

Bei einer Lücke im Gesetz sind die zur Lückenfüllung von der Rechtsprechung entwickelten Grundsätze über Analogieschluss oder Rechtsergänzung heranzuziehen.[99] Kann man zu einer Rechtsfrage keine passenden Vorschriften finden, bedeutet dies noch lange nicht, dass keine Rechtsnormen zur Anwendung kommen können. Die Methodenlehre bietet über die Analogie zu verwandten Regelungen oder der Rechtsergänzung aus allgemeinen Rechtsgrundsätzen und Wertentscheidungen der Verfassung Möglichkeiten zur Lückenfüllung. Für den Schutz des Persönlichkeitsrechts gibt es im Falle der Kollision mit der Meinungs- und Pressefreiheit keine ausdrücklichen Regelungen. Die systematische Auslegung des sonstigen Rechts in § 823 Abs. 1 BGB lässt es zu, das Persönlichkeitsrecht hierunter zu fassen. Eine Rechtsanalogie zu §§ 12, 862, 1004 BGB schafft die Grundlage für einen Unterlassungsanspruch.

---

99 Kohler-Gehrig (2017) S. 90 ff.; Larenz/Canaris (1995) S. 133 ff.

> Zweifelsfragen bei der Rechtsanwendung sind mittels der anerkannten Techniken der Methodenlehre
> – den klassischen Auslegungsmethoden und
> – bei Lücken im Gesetz den Regeln der Rechtsfortbildung
> zu lösen.

Deshalb werden im Folgenden die Techniken der Methodenlehre, das Handwerkszeug des Rechtsanwenders zur Lösung von Rechtsfragen dargestellt.

11.1.1. Auslegung

Gesetze bedienen sich der Sprache, um sich an ihre Adressaten zu wenden. Sprache besteht aus Begriffen, die mehrdeutig oder von unklarer Reichweite sein können. Insbesondere wenn eine Rechtsnorm mehrdeutige Begriffe, unbestimmte Rechtsbegriffe oder gar Generalklauseln enthält, ergibt sich die Notwendigkeit, im Wege der Auslegung den Umfang und Inhalt der verwendeten Rechtsbegriffe zu klären wie bei §§ 138 BGB, 44 Abs. 2 Nr. 6 VwVfG *Sittenwidrigkeit*.

Das Rechtsstaatsprinzip und das daraus abgeleitete Willkürverbot verbieten es, die Auslegung dem subjektiven Rechtsgefühl des Rechtsanwenders zu überlassen. Das Demokratieprinzip und der Gewaltenteilungsgrundsatz weisen die Gesetzgebung der legislativen Gewalt zu. Gerichte und Verwaltung sind nach Art. 20 Abs. 3 GG an Gesetz und Recht gebunden. Deshalb versteht es sich von selbst, dass die Auslegung am Gesetz und den Aussagen der Gesamtrechtsordnung zu orientieren ist.

Es wurden verschiedene Auslegungsmethoden entwickelt. Streng genommen handelt es sich hierbei nicht um eigenständige Methoden, sondern um verschiedene Aspekte der Auslegung:
– die grammatikalische Auslegung
– die systematische Auslegung
– die historische Auslegung
– die teleologische Auslegung.

Sie haben ihre Legitimation, wie noch zu zeigen ist, in der Verfassung und der Gesamtrechtsordnung. Sie dienen zur Ausleuchtung von Gesetzestexten. Ihre Funktion besteht darin, den im Gesetz enthaltenen Gedanken herauszuarbeiten, das Gesetz entsprechend diesem immanenten Gedanken anzuwenden. Ihre Funktionsweise und Bedeutung sollen nun kurz dargelegt werden.

11.1.1.1. Grammatikalische Auslegungsmethode

Die grammatikalische Auslegungsmethode untersucht den sprachlichen Bedeutungsgehalt der verwendeten Begriffe. Der Gesetzgeber bedient sich der Sprache, weil er sich an Menschen als Adressaten wendet und die Sprache als Kommunikationsmittel dient. Die Ordnungsfunktion des Rechts kann nur zur Wirkung gelangen, wenn die Adressaten die Norm verstehen können. Deshalb fragt die grammatikalische Auslegungsmethode nach dem
– allgemeinen Sprachgebrauch
– nach der Fachterminologie

– dem speziellen juristischen Sprachgebrauch.

Da Begriffe mehrdeutig sein können, greift das Gesetz zu **Legaldefinitionen**, um Zweifel zu beheben: § 35 VwVfG *Begriff des Verwaltungsaktes*. Wörterbücher und Nachschlagewerke können gewisse Anhaltspunkte für die grammatikalische Auslegung eines Begriffes geben. Weichen der allgemeine Sprachgebrauch und der juristische Sprachgebrauch voneinander ab, gilt der Grundsatz vom **Vorrang des speziellen Sprachgebrauchs** vor dem allgemeinen Sprachgebrauch: Kann-Vorschriften im öffentlichen Recht räumen im Gegensatz zur Alltagssprache der Behörde kein Recht zur willkürlichen Entscheidung ein. Die KFZ-Leihe in der Alltagssprache ist in der Rechtssprache ein Mietvertrag.

In einer nach Sachbereichen gegliederten Rechtsordnung kommt Rechtsbegriffen nicht immer eine identische Bedeutung zu. Es ist von einer **Relativität der Begriffe** auszugehen. Bei gleichlautenden Begriffen in verschiedenen Rechtsgebieten besteht weder eine Vermutung für eine übereinstimmendes noch für ein abweichendes Begriffsverständnis. Während im Zivilrecht nach § 276 BGB der objektive Fahrlässigkeitsbegriff gilt, gilt im Strafrecht der subjektive Fahrlässigkeitsbegriff. § 903 BGB versteht unter Eigentum nur das Eigentum an Sachen, während der Eigentumsbegriff des Art. 14 GG weiter gefasst ist. Allenfalls bei mehrfach verwendeten gleichlautenden Begriffen in einem Gesetz besteht eine Vermutung für eine Sinnidentität. Diese darf nicht außer Acht lassen, dass eine misslungene Gesetzesfassung, Sprachirrtümer oder eine fehlende innere oder äußere Gleichförmigkeit eines Gesetzeswerkes diese angestrebte Sinnidentität vereiteln können.[100] Selbst eine solch grundlegende Kodifikation wie das Grundgesetz ist nicht gegen zweideutige Formulierungen geschützt, wie die unterschiedliche Verwendung des Gesetzesbegriffes mal im materiellen, mal im formellen Sinn zeigt. Art. 97 Abs. 1 GG betrifft Gesetze im materiellen und im formellen Sinn, während Art. 100 Abs. 1 GG nur Gesetze im formellen Sinn erfasst.

Die grammatikalische Auslegung stößt schnell an ihre Grenzen, wenn weder in der Alltagssprache noch im rechtstechnischen Sprachgebrauch eindeutige Begriffe anzutreffen sind. Sie kann bei Generalklauseln und unbestimmten Rechtsbegriffen zu keinen eindeutigen Ergebnissen führen. Hier vermag sie alleine die Grenzen der weitesten Auslegung hin zur Rechtsfortbildung zu ziehen. Die grammatikalische Auslegung bestimmt die rechtsstaatlich und demokratisch gezogene Grenze der Rechtsnorm und damit die Grenze zwischen Auslegung und Rechtsfortbildung. Jeder Rechtsanwender muss sich den Wortlaut als Grenze zwischen Auslegung und Rechtsfortbildung vor Augen halten. Wird diese Grenze überschritten, wird Rechtsfortbildung betrieben. Für die Rechtsfortbildung gelten besondere, weitaus engere Grenzen als für die Auslegung.

11.1.1.2. Systematische Auslegungsmethode

Die systematische Auslegungsmethode sucht den Inhalt einer Rechtsnorm aus ihrem Zusammenhang im Gesetz oder in der Gesamtrechtsordnung zu ermitteln. Ausgangspunkt dieser Auslegungsmethode ist die Erkenntnis, dass die einzelne Norm Teil des Gesamtrechtssystems ist und in einem Wechselspiel mit anderen Normen steht.

---

100   RGZ 153 S. 2, 20; BGHZ 46 S. 74, 77.

Die Bedeutung eines Begriffes kann sich aus seiner Einbettung zwischen anderen Begriffen einer Rechtsnorm ergeben. § 823 Abs. 1 BGB nennt das unbestimmte sonstige Recht im Anschluss an die Aufzählung absoluter Rechte. Folglich bezieht das sonstige Recht andere absolute Rechte wie Hypotheken- und Pfandrecht, Namensrecht und Persönlichkeitsrecht in den Schutzbereich der Norm ein.

Einen weiteren Anhaltspunkt kann die **äußere Systematik** bieten, die Stellung im Gesetz oder in einem besonderen Abschnitt des Gesetzes. § 68 VwGO gilt nur für die Anfechtungs- oder Verpflichtungsklage, nicht für die allgemeine Leistungsklage, da die Vorschrift im Abschnitt *Besondere Vorschriften für Anfechtungs- und Verpflichtungsklagen* steht. Die Aussagekraft der äußeren Systematik darf nicht überschätzt werden. Der Gesetzgeber hat seine eigene Einteilung und Gliederung nicht immer streng durchgehalten. § 12 BGB regelt das Namensrecht bei den natürlichen Personen. Es gilt nach allgemeiner Ansicht aber auch für juristische Personen.

Zur systematischen Auslegung zählt die Regel, dass spezielle Normen allgemeinen Regelungen vorgehen.

Neben der äußeren Systematik hinterfragt die systematische Auslegung die **innere Systematik**. Jede Norm hat ihren Platz im Gesamtrechtssystem und damit innerhalb der Normenpyramide. Innerhalb der Normenpyramide darf niederrangiges Recht höherrangigem Recht nicht widersprechen. Hieraus wurde das Gebot der **verfassungskonformen Auslegung** abgeleitet. Die in den Grundrechtsnormen der Verfassung enthaltene objektive Wertordnung gilt als verfassungsrechtliche Grundentscheidung für alle Bereiche des Rechts. Von mehreren Auslegungsmöglichkeiten ist die zu wählen, die den Wertentscheidungen des Grundgesetzes am meisten entspricht und diese optimal fördert. Einfaches Recht ist im Lichte des Verfassungsrechts auszulegen.[101] Letztlich kann der Rechtsanwender dem Recht selbst Kriterien für die Auslegung des Rechts entnehmen.

Bei der systematischen Auslegung im Lichte der Verfassung stößt man häufig auf das Phänomen, dass Grundrechte und Verfassungsprinzipien einander widerstreiten. Es zählt zu den Aufgaben der Auslegung, der Interessen- und Güterabwägung, diese widerstreitenden Grundrechte und Verfassungsprinzipien in ein vernünftiges Verhältnis zueinander zu rücken, ein jedes optimal zu fördern.[102] Bei Streitigkeiten über zulässige Presseberichterstattung über Personen treffen bei der Auslegung des § 823 Abs. 1 BGB der Schutz der Persönlichkeit aus Art. 1 und Art. 2 GG und die Pressefreiheit aus Art. 5 GG aufeinander.

Über die verfassungskonforme Auslegung hinaus wurde der Grundsatz von der **Einheit des Rechts** entwickelt. Gesetze müssen nicht nur die Wertentscheidungen des Grundgesetzes, sondern höherrangiges Recht schlechthin sowie die allgemeinen Rechtsprinzipien und Rechtsgrundsätze wahren. Rechtsnormen sind so auszulegen, dass sie nicht in Widerspruch zu anderen Normen treten. Darin spiegelt sich das Streben nach einer widerspruchsfreien Rechtsordnung wider.

---

101 BVerfGE 34 S. 269, 280; 51 S. 97, 110; 81 S. 242, 254; 96 S. 375, 398; Wank (2020) S. 275 ff.
102 Einzelheiten unter *11.1.1.5.2. Güter- und Interessenabwägung.*

Zur systematischen Auslegung zählt obendrein die europarechtskonforme Auslegung des Rechts, die immer mehr an Bedeutung gewinnt.[103]
Die systematische Auslegung beruht auf der Feststellung, dass Begriffe als Teil eines Gesetzes nicht alleine stehen, dass Gesetze als Teil der Gesamtrechtsordnung zu betrachten sind und damit Begriffe, Gesetze und Gesetzeswerke in einem Wirkungszusammenhang stehen.

11.1.1.3. Historische Auslegungsmethode

Die historische Methode knüpft an die **Entstehungsgeschichte** einer Rechtsnorm und der darin verwendeten Begriffe an. Sie fragt nach dem **Willen des Gesetzgebers**, der Vor- und der Entstehungsgeschichte des Gesetzes. Sie versucht festzustellen, was der Gesetzgeber mit einem Begriff ausdrücken wollte, welche Vorstellungen er damit verband. Maßgeblich kann nur ein gesetzgeberischer Wille sein, der im Gesetz Ausdruck gefunden hat. Die Gesetzesmaterialien können zu diesen Fragen Auskunft geben. Die historische Auslegung findet Anklang in Art. 33 Abs. 5 GG, der an die hergebrachten Grundsätze des Berufsbeamtentums anknüpft.[104]

Die historische Auslegung kann keine Auskunft auf Fragestellungen geben, die erst nach Erlass des Gesetzes bedeutsam wurden, die der Gesetzgeber nicht gesehen hat. Gerade bei älteren Gesetzen sind ihr Grenzen gesetzt.
Deshalb wird der historischen Auslegungsmethode von der Rechtsprechung häufig nur eine Hilfsfunktion beigemessen, die Richtigkeit einer nach den anderen Auslegungsregeln ermittelten Auslegung zu bestätigen oder Zweifel zu beheben.[105] Hingegen können die Gesetzesmaterialien bei jüngeren Gesetzen wichtige Aufschlüsse liefern. Eine eigenständige Bedeutung kommt der historischen Auslegungsmethode zu, wenn sich nur aus ihr wesentliche Anhaltspunkte für die Auslegung eines Gesetzes ziehen lassen.[106]

11.1.1.4. Teleologische Auslegungsmethode

Die teleologische Auslegung fragt nach dem **Sinn und Zweck** einer Norm, welches Ziel mit der Norm angestrebt wurde. Der Zweck und das Ziel einer Norm lassen sich entweder dem Gesetz und seinen Grundaussagen selbst entnehmen oder aus den Gesetzesmaterialien ermitteln. § 1 BImSchG und § 1 SGB IX nennen explizit den Zweck des Gesetzes. Es kommt aber nicht allein darauf an, welchen Sinn und Zweck der historische Gesetzgeber der Norm beigemessen hat. Jedes Gesetz ist ein Produkt seiner Zeit. Die Aufgabenstellung einer Norm und eines Gesetzeswerkes, der Lebenssachverhalt, zu dessen Bewältigung die Norm erlassen wurde, können sich verändern. Normen stehen in einem Umfeld sozialer Verhältnisse und gesellschaftspolitischer Anschauungen, mit deren Wandel der Norminhalt, die Aufgabenstellung des Gesetzes sich verändern können. Die teleologische Auslegung befasst sich mit der Frage, welcher Sinn und Zweck der Norm heute zukommt. Orientiert sich die historische Auslegungsmethode

---

103   BGH NJW 2003 S. 1588, 1590; Kohler-Gehrig (2017) S. 64; Wank (2020) S. 263 ff.; Zippelius (2021) S. 40.

104   BVerfGE 121 S. 205, 219 ff.

105   BGHZ 87 S. 191, 194 f.

106   BVerfGE 62 S. 1, 45; BVerfG NJW 2017 S. 53, 59; BGHZ 46 S. 74, 80 m. w. N.; BGH NJW 2004 S. 56 f.

statisch am Zeitpunkt des Erlasses eines Gesetzes, fragt die teleologische Auslegungsmethode dynamisch, welcher Sinn und Zweck der Rechtsnorm gegenwärtig immanent ist. Der Gesetzgeber hätte das Gesetz ändern können, hätte er
dessen Geltung auf die Vergangenheit beschränken wollen. Da das Gesetz nach
seinem Erlass ein „Eigenleben" führt, ist für seine Auslegung entscheidend, welche Aufgabe das Gesetz und seine Rechtsnormen im Zeitpunkt seiner Anwendung zu erfüllen haben. Die Frage nach Sinn und Zweck, dem Ziel eines Gesetzes führt nicht immer zu eindeutigen Ergebnissen. Ein Gesetz kann gleichzeitig
mehrere Ziele verfolgen. Diese Ziele können in einem Konkurrenzverhältnis
stehen. Dahinter können widerstreitende Interessen oder rechtspolitische Kom-
promisse stehen. Es kann mehrere Mittel und Wege geben, um ein anvisiertes
Ziel zu erreichen.[107] Deshalb kann die teleologische Auslegung zu mehreren
und gar widersprüchlichen Ergebnissen führen.
Die teleologische Methode gestattet es, Erwägungen zur Praktikabilität und zur
Funktionsgerechtigkeit und Effektivität einer Norm, zur Folgenbetrachtung, zur
sozialen Realität und damit zur normativen Kraft des Faktischen, der Natur der
Sache anzustellen. Im Straf- und Ordnungswidrigkeitenrecht hat die teleologische Auslegung zur gängigen Frage nach dem Schutzzweck der Norm und insbesondere dem von der Norm geschützten Rechtsgut geführt. Diese für die teleologische Auslegung typische Fragestellung ergibt sich ebenfalls bei § 823 BGB.[108]

11.1.1.5. Anwendung der Auslegungsmethoden

Alle vier Auslegungsmethoden gewinnen ihre Legitimation aus dem Grundgesetz. Die historische und die grammatikalische Auslegung, wie auch die teleologische Auslegung ergeben sich aus dem Demokratieprinzip, dem in den Gesetzeswortlaut geflossenen Willen des Gesetzgebers sowie den mit dem Gesetz
verfolgten Zielen. Die systematische Auslegung, insbesondere in der Spielart der
verfassungskonformen Auslegung, trägt obendrein dem Vorrang höherrangiger
Gesetze und damit dem Rechtsstaatsprinzip Rechnung, wonach sich eine Norm
widerspruchsfrei in das Rechtssystem einfügen muss. Im Rechtsstaatsprinzip findet auch die teleologische Auslegung ihre Legitimation. Rechtsnormen werden
nicht um ihrer selbst willen erlassen. Sie dienen der Bewältigung von Aufgaben,
dem Erreichen gesteckter Ziele und Zwecke.
Diese klassischen Auslegungsmethoden kommen nebeneinander zur Gesetzesinterpretation zur Anwendung. Sie schließen sich nicht gegenseitig aus, sondern
ergänzen sich gegenseitig. Führt eine Auslegungsvariante zu einem inakzeptab-
len, widersprüchlichen Ergebnis, ist diese Auslegungsmöglichkeit auszuschlie-
ßen. Das argumentum ad absurdum reduziert die Auslegungsmöglichkeiten: Das
Verbot des Selbstkontrahierens nach § 181 BGB gilt nicht für Insichgeschäfte des
Vertreters, die dem Vertretenen lediglich rechtliche Vorteile bringen. Sonst dürf-
ten Eltern ihren minderjährigen Kindern nichts schenken.[109]

---

107   Wank (2020) S. 305, 316 ff.
108   BGH NJW 2017 S. 1186 f.
109   BGHZ 59 S. 236, 240.

Es gibt keine zwingende Reihenfolge für die Heranziehung der verschiedenen Auslegungsmethoden auf der Suche nach der zutreffenden Gesetzesinterpretation. Praktisch vorteilhaft ist die Reihenfolge
– grammatikalische Auslegung
– systematische Auslegung
– historische Auslegung
– teleologische Auslegung.
Es empfiehlt sich, mit der grammatikalischen Auslegung zu beginnen. Sie erarbeitet die möglichen Bedeutungen und steckt die Grenzen ab, innerhalb deren ein vom Gesetz verwendeter Begriff auszulegen ist.
Daran schließt sich die systematische Auslegung an, die ebenfalls am einzelnen Begriff im Gesetz ansetzt und darüber hinaus nach seiner Einbindung in das Gesetzeswerk und die Rechtsordnung fragt. Sie erweitert den Untersuchungsrahmen über die grammatikalische Auslegung hinaus. Beide Auslegungsmethoden gehen ineinander über.
Die historische Auslegung erschließt, welche Bedeutung der Gesetzgeber der Vorschrift beigemessen hat. Sie fragt außerdem nach dem Zweck, den der historische Gesetzgeber damit verfolgte, aus welchem Anlass das Gesetz erlassen wurde.
Die teleologische Auslegung knüpft an diesem Ansatz an und fragt weiter, welcher Sinn und Zweck, welche Bedeutung dem Gesetz im Zeitpunkt seiner konkreten Anwendung beizumessen ist, wie dieser Sinn und Zweck erfüllt werden kann. Die teleologische Auslegung findet sich zumeist erst am Ende des Auslegungsvorganges, da sie häufig eine Vielzahl von Argumenten zu liefern vermag und den Schwerpunkt der Auslegung bildet.
Alle vier Auslegungsmethoden können zum selben Ergebnis kommen. Sie können aber auch zu abweichenden, widersprechenden Ergebnissen führen. Das spricht weder gegen das Ergebnis noch gegen die Auslegungsmethoden. In vielen Rechtsvorschriften spiegeln sich unterschiedliche und oftmals widersprechende Sichtweisen, Interessen-, Ziel- und Zweckvorstellungen wider. Es darf deshalb nicht verwundern, dass alleine die teleologische Auslegung verschiedene und gar sich widersprechende Auslegungsergebnisse eröffnen kann, verfolgen doch zahlreiche Gesetze mehrere konkurrierende oder gar kollidierende Ziele.
Ein gewisses Konkurrenzverhältnis ist allenfalls zwischen der subjektiven und der objektiven Theorie festzustellen. Nach der **subjektiven Theorie** ist dem Ergebnis der Vorzug zu geben, das den Willen des historischen Gesetzgebers, sein Begriffsverständnis und seine Ziele widerspiegelt.[110] Hingegen zieht die **objektive Theorie** das Ergebnis vor, das dem objektiven Sinn eines Gesetzes, dem vom Willen des historischen Gesetzgebers losgelösten Sinn und Zweck des Gesetzes entspricht.[111] Im Einzelfall sind nach der Vermittlungstheorie beide Sichtweisen heranzuziehen. Es ist unter Heranziehung aller Auslegungsmethoden in ihren unterschiedlichen Ausprägungen zu entscheiden, welcher Auslegung im konkreten Fall der Vorrang gebührt.
Im Wege der Wertung ist darüber zu befinden, welchem der möglichen Ergebnisse der Vorrang einzuräumen ist. Diese Wertentscheidung hat dem Streben nach Gerechtigkeit zu folgen und soll zu einem vernünftigen, praktikablen Er-

---

110 BVerfGE NJW 2011, 836.
111 BVerfGE 1, 299, 312.

gebnis führen. Sie hat sich an allgemeinen Rechtsgrundsätzen zu orientieren, wie des geringst möglichen Eingriffs in Freiheitsrechte (Verhältnismäßigkeit i. e. S.) und des Strebens nach einer optimalen Ausgestaltung der Rechtsordnung. Sie darf keinen Rechtsgrundsätzen widersprechen, die das betroffene Rechtsgebiet beherrschen, wie Grundsatz des fairen Verfahrens im Strafprozess, Grundsatz der Privatautonomie im Vertragsrecht und Grundsatz der Rechtssicherheit und des Vertrauensschutzes im öffentlichen Recht.[112] Daneben gibt es in jedem Rechtsgebiet noch weitere Rechtsgrundsätze, die als Wertungsmaßstäbe heranzuziehen sind.

Bei der Auslegung und dem Umgang mit den verschiedenen Auslegungsmethoden haben sich eine Reihe besonderer Anforderungen und Fragestellungen herauskristallisiert.

11.1.1.5.1. Restriktive und extensive Auslegung

Bleibt die Auslegung hinter der möglichen Begriffsbedeutung zurück, bezeichnet man dieses Ergebnis als **restriktive Auslegung**. Sie kommt regelmäßig zur Anwendung bei Vorschriften, die in gesetzlich vorgesehene Freiheitsräume eingreifen. Aus dem Wertsystem des Grundgesetzes folgt eine Vermutung dafür, dass Freiheitsräume so wenig wie möglich angetastet werden sollen. So sind die Mordmerkmale des § 211 StGB eng auszulegen, da die lebenslange Freiheitsstrafe viele Grundrechte tangiert.[113] Es gilt der Grundsatz, dass Ausnahmevorschriften eher eng, also restriktiv, auszulegen sind.[114] In Einzelfällen kann dieser Grundsatz durchbrochen sein.

Geht die Auslegung bis an die äußerste Grenze des Begriffsinhalts, handelt es sich um **extensive Auslegung**. Die extensive Auslegung kann bis zur äußersten Grenze des Wortsinns reichen. Wird diese äußerste Grenze des Wortsinns überschritten, wird die Ebene der Auslegung verlassen, und es beginnt die Ebene der Rechtsfortbildung. Die Rechtsfortbildung über die Grenze des Wortlauts hinaus ist nicht auf allen Rechtsgebieten von vornherein untersagt. Sie folgt jedoch anderen, engeren Regeln als die Auslegung. Deshalb ist die Grenze des äußersten Wortsinns als Grenze der Auslegung für den Rechtsanwender von großer Bedeutung und muss exakt abgesteckt werden.

Die Gegenüberstellung von restriktiver und extensiver Auslegung lässt sich bildlich damit umschreiben, dass fast jeder auszulegende Begriff einen festen Begriffskern hat, umgeben von einem unscharfen Begriffshof. Der Begriff der Freiheit reicht von Bewegungsfreiheit bis Entscheidungsfreiheit und Gedankenfreiheit. Wird die Auslegung auf den Begriffskern beschränkt, handelt es sich um restriktive Auslegung. Bezieht die Auslegung den Begriffshof mit ein, handelt es sich um extensive Auslegung. Wird der Begriffshof überschritten, beginnt die Rechtsfortbildung.

11.1.1.5.2. Güter- und Interessenabwägung

Hinter einer Vorschrift und insbesondere hinter Vorschriften mit unbestimmten Rechtsbegriffen können verschiedene, sich widerstreitende Rechtsgüter, Geset-

---

112   BVerfGE 59 S. 330, 334; 69 S. 381, 387; 109 S. 38, 40; BGHSt 31 S. 296, 298; 37 S. 10, 12.
113   BGH NStZ-RR 2021 S. 108.
114   BGH NJW 2005 S. 2154 f.

zeszwecke und Interessen stehen. Diesen Widerstreit vermag die teleologische Auslegung aufzudecken, wenn der Zweck einer Norm dem Schutz verschiedener, konkurrierender Interessen und Rechtsgüter dient. Er kann bei der systematischen Auslegung deutlich werden, wenn der geschützte Rechtskreis einer Person mit dem geschützten Rechtskreis einer anderen Person oder mit Rechtsprinzipien kollidiert. Kollidiert die durch Art. 5 Abs. 1 GG geschützte Rundfunk- und Pressefreiheit mit dem durch Art. 1 und Art. 2 GG geschützten Persönlichkeitsrecht, ist durch Güterabwägung zu entscheiden, welchem der beiden Rechtsgüter im konkreten Fall der Vorzug gebührt. Im Wege der Abwägung ist ein Zustand praktischer Konkordanz anzustreben, der es gestattet, dass jedes der verfassungsrechtlich geschützten Rechtsgüter ein Maximum an Wirksamkeit behält.

Im Rahmen einer Güter- und Interessenabwägung ist zu entscheiden, wie ein angemessener Ausgleich erreicht werden kann und welchem Rechtsgut oder Interesse der Vorrang gebührt. Diese Abwägung stößt schon bei realen Gütern auf Schwierigkeiten wie die Redewendung *Äpfel kann man nicht mit Birnen vergleichen* deutlich macht. Umso schwieriger ist die Abwägung bei ideellen Rechtsgütern und Interessen. Der Gleichheitssatz verbietet eine willkürliche Güterabwägung.

Eine **abstrakte Bewertung** kann der Rechtsordnung, insbesondere der Verfassung entnommen werden. So finden sich der Schutz der Menschenwürde und des Lebens am Eingang des Grundgesetzes in Art. 1 GG und genießen die Unabänderbarkeitsgarantie des Art. 79 Abs. 3 GG. Daraus folgt ihr abstrakter Vorrang vor reinen Sachwerten, wie sie vom Eigentumsschutz des Art. 14 GG umfasst werden.

An die abstrakte Bewertung hat sich die **konkrete Bewertung** anzuschließen. Für die Abwägung ist es nicht nur erheblich, welche Rechtsgüter sich gegenüberstehen, sondern obendrein der Grad der Betroffenheit der widerstreitenden Rechtsgüter im Einzelfall und die Anzahl der betroffenen Rechtsgüter auf jeder Seite.

Ergibt die Abwägung, dass die Interessen und Rechtsgüter einer Seite überwiegen, rechtfertigt dies nach dem Rechtsstaatsprinzip des Art. 20 Abs. 3 GG nur einen erforderlichen Mindesteingriff in die weniger gewichtigen Interessen und Rechtsgüter. Ein Rechtsgut darf nicht mehr zurückgesetzt werden, als es zur Verwirklichung des vorrangigen Rechtsguts unbedingt **erforderlich** ist. Ist zur Verwirklichung eines Rechtsguts erforderlich, dass ein anderes Rechtsgut zurücktritt, so ist nur eine Einschränkung des zurücktretenden Rechtsguts gerechtfertigt, soweit es die höhere Wertigkeit des anderen Rechtsguts gebietet.[115] Schließlich folgt aus dem Rechtsstaats- und Sozialstaatsprinzip der Gedanke der **Zumutbarkeit**. Dieser bezeichnet die Opfer- und Härtegrenze für den zurücktretenden Rechtsguts- und Interessenträger. So stellte das BVerfG in den Lebach-Urteilen fest, dass das Informationsrecht der Öffentlichkeit und damit die Pressefreiheit für eine aktuelle Berichterstattung über Straftaten grundsätzlich den Vorrang vor dem Persönlichkeitsrechtsschutz des Täters genießt. Dieser Vorrang besteht jedoch nicht zeitlich unbeschränkt. Eine spätere Berichterstattung kann –

---

115   BVerfGE 35 S. 202, 221 f. – Lebach I; BVerfG NJW 2000 S. 1859, 1860 – Lebach II.

zumindest vorübergehend – ausgeschlossen sein, wenn sie das Resozialisierungsinteresse des Täters beeinträchtigt.[116] Der Grundsatz der Verhältnismäßigkeit kann eine Identifikation des Täters durch Namensnennung und Abbildung verbieten.

11.1.1.5.3. Gesetzeserhaltende Auslegung

Ergibt die Gesetzesauslegung, dass eine Norm höherrangigem Recht widerspricht, ist die Norm an sich gesetzeswidrig und damit grundsätzlich nichtig, gemäß dem Grundsatz *Höherrangiges Recht bricht niederrangiges Recht.* Um dem Regelungswillen der Norm gleichwohl zur Geltung zu verhelfen, ist die Möglichkeit zu prüfen, ob ihr nicht im Wege der Auslegung eine modifizierte Bedeutung beigemessen werden kann, die noch vom Gesetzeswortlaut gedeckt ist und mit höherrangigem Recht in Einklang steht.[117]

Diese gesetzeserhaltende Auslegung setzt voraus, dass die grammatikalische Auslegungsmethode mehrere Begriffsbedeutungen eröffnet. Die systematische Auslegung der fraglichen Norm liefert von den mehreren Bedeutungen der Norm, die mit höherrangigem Recht noch vereinbare Bedeutung. Mit der historischen Auslegung ist festzustellen, ob der historische Gesetzgeber diese Bedeutung der Vorschrift beigemessen hat. Mit der teleologischen Auslegung ist zu prüfen, ob diese im Einklang mit dem Gesetzeszweck steht. Ist der Gesetzeszweck gewahrt, kann die im Wege der gesetzeserhaltenden Auslegung gefundene Begriffsbedeutung eingreifen. Das Ziel ist, ein Maximum von dem zu erhalten, was als Sinn und Zweck hinter der Regelung steht. § 14 VersG bestimmt: *Wer die Absicht hat, eine öffentliche Versammlung unter freiem Himmel (…) zu veranstalten, hat dies spätestens 48 Stunden vor Bekanntgabe der zuständigen Behörde (…) anzumelden.* Diese Vorschrift würde gegen Art. 8 Abs. 1 GG verstoßen, wenn hiervon Spontanversammlungen erfasst wären. Diese wären gänzlich ausgeschlossen. Die Formulierung ‚Wer die Absicht hat‘, lässt die Auslegung zu, dass nur eine langfristige Absicht gemeint ist und folglich Spontanversammlungen der Anmeldepflicht nicht unterfallen.[118]

Die gesetzeserhaltende Auslegung kann nicht zum Erfolg führen, wenn eine Bedeutung gefunden wird, die nicht vom Wortlaut der Norm gedeckt ist oder zum Willen des historischen Gesetzgebers oder zu Sinn und Zweck der Norm in Widerspruch steht.[119] Dies würde unzulässig in die Entschließungsfreiheit des Gesetzgebers eingreifen. Das Demokratie- und Rechtsstaatsprinzip sowie der Gewaltenteilungsgrundsatz verbieten eine solche Auslegung.

Führt die gesetzeserhaltende Auslegung zu keiner Abhilfe, bleibt es bei der Nichtigkeit der Norm. Ist eine Norm nichtig, muss in einem zweiten Schritt festgestellt werden, wie sich die Nichtigkeit der Norm auf das gesamte Gesetzeswerk auswirkt. Aus der Nichtigkeit einer Vorschrift kann die Nichtigkeit des ganzen Gesetzes folgen, wenn sich aus dem objektiven Sinn des Gesetzes ergibt, dass

---

116   BVerfGE 35 S. 202, 231, 235 – Lebach I; BVerfG NJW 2000 S. 1859, 1860 f. – Lebach II.
117   BVerfGE 44 S. 187, 189; 81 S. 71, 92; 84 S. 168, 186; Zippelius (2021) S. 44.
118   BVerfGE 69 S. 315, 342 ff.
119   BVerfGE 8 S. 28, 38.

die anderen Bestimmungen keine selbstständige Bedeutung haben oder die Gesamtregelung ohne die gesetzwidrige Norm Sinn und Rechtfertigung verliert.[120]

11.1.1.5.4. Generalklauseln und unbestimmte Rechtsbegriffe

Der Gesetzgeber verwendet im Recht unbestimmte Rechtsbegriffe und Generalklauseln wie § 242 BGB *Leistung nach Treu und Glauben*, § 138 BGB *Sittenwidrigkeit*, § 44 VwVfG *Sittenwidrigkeit* oder § 211 StGB *niedrige Beweggründe*. Diese unbestimmten Rechtsbegriffe und Generalklauseln widersprechen dem Streben nach Rechtssicherheit. Sie stehen im Dienste der Gerechtigkeit, um im Einzelfall zu angemessenen Lösungen zu finden. Sie dienen der Flexibilisierung des Rechts, um die Rechtsordnung für neue Anforderungen und einen Wertewandel offen zu halten. Generalklauseln und unbestimmte Rechtsbegriffe lassen Raum für einen Wandel der sozialen Verhältnisse und Wertvorstellungen der Gesellschaft, ohne dass diese eine Anpassung des geschriebenen Rechts erforderlich machen.

Diese Begriffe bieten für die grammatikalische Auslegung keine Anhaltspunkte. Die systematische und die teleologische Auslegung haben zu der Erkenntnis geführt, dass es sich um „Einfallstore" für die Wertungen der Verfassung und allgemeiner Rechtsprinzipien handelt. Bei deren Konkretisierung sind die Grundrechte und allgemeinen Rechtsprinzipien heranzuziehen. Bei Fragen zur fristlosen Kündigung aus wichtigem Grund des § 626 BGB sind die soziale Schutzbedürftigkeit des Arbeitnehmers und die unternehmerische Entscheidungsfreiheit des Arbeitgebers zu bedenken.

Zur Förderung der Rechtssicherheit bei unbestimmten Rechtsbegriffen und Generalklauseln, und in den schon beschriebenen Güterabwägungsfällen ist die Rechtsprechung zur Bildung von Fallgruppen geschritten, die dem fraglichen Begriff unterfallen.[121] Diese **Fallgruppen** bieten dem Rechtsanwender eine Orientierung bei der Lösung zukünftiger Fälle. Ein Blick in einschlägige Gesetzeskommentare und Rechtsprechungssammlungen liefert Anhaltspunkte für Vergleich und Gewichtung des zu beurteilenden Falles mit den von der Rechtsprechung entwickelten Fallgruppen. Die Rechtsprechung der Arbeitsgerichte hat verschiedene Fallgruppen zum wichtigen Grund nach § 626 BGB wie Vertrauensbruch entwickelt.

11.1.2. Rechtsfortbildung

Subsumtion und Auslegung können zu dem Ergebnis führen, dass ein Sachverhalt keinerlei Regelung im Gesetz gefunden hat oder das gefundene Ergebnis nicht angemessen ist. In diesen Fällen kann nicht die Auslegung, sondern nur die Rechtsfortbildung weiterhelfen.[122] Nur wenn die Auslegung zu keinem Ergebnis führt, darf die Rechtsfortbildung über das Gesetz hinaus herangezogen werden. Diese Reihenfolge gebietet die demokratische Legitimation der Rechtsordnung, der Gewaltenteilungsgrundsatz und das Rechtsstaatsprinzip.

---

120   BVerfGE 61 S. 149, 206 f.; 82 S. 159, 189.
121   BVerfGE 66 S. 116, 138 ff.
122   Kohler-Gehrig (2017) S. 87 ff.; Larenz/Canaris (1995) S. 187 ff.

Ausnahmsweise gestattet der Grundsatz der Gewaltenteilung gewisse Durchbrechungen und Überschneidungen der Legislativen auf der einen Seite und der Judikativen und der Exekutiven auf der anderen Seite. Dies bringt Art. 20 Abs. 3 GG zum Ausdruck, der Gesetz und Recht auf eine Stufe nebeneinander stellt. Gesetz und Recht decken sich nicht notwendig. Das Recht dient als Korrektiv gegenüber den Gesetzen.[123] Der Gesetzgeber kann nicht alle regelungsbedürftigen Sachverhalte von vornherein erkennen und regeln. Es sind nicht alle regelungsbedürftigen Einzelfälle vorhersehbar, die sich in der Zukunft ergeben können. Hinzu kommt, dass der Gesetzgeber Sachverhalte wie den Arbeitskampf bewusst keiner Regelung zugeführt hat, sondern diese Aufgabe der Rechtsprechung überlassen hat, obwohl ein Regelungsbedürfnis aus Gründen der Rechtssicherheit und des Rechtsfriedens besteht. Gesetzen ist deshalb die Notwendigkeit der Rechtsfortbildung immanent. Selbst die Gerichtsverfahrensgesetze wie § 132 Abs. 4 GVG, § 45 Abs. 4 ArbGG gehen davon aus, dass die Rechtsfortbildung Aufgabe der Gerichte ist.

Da Art. 20 Abs. 3 GG Gesetz und Recht auf eine Stufe stellt, kann eine Rechtsfortbildung sogar entgegen einer bestehenden gesetzlichen Regelung contra legem zur Vermeidung unangemessener, sachwidriger Ergebnisse eingreifen. Diese Rechtsfortbildung steht in einem Spannungsverhältnis zum Gewaltenteilungsgrundsatz. Deshalb ist bei der Rechtsfortbildung entgegen der Aussage eines Gesetzes Zurückhaltung geboten.

11.1.2.1. Rechtsfortbildung zur Lückenschließung

Allgemein anerkannt ist die Rechtsfortbildung zur Schließung von Gesetzeslücken.[124] Davon ist die Frage zu unterscheiden, ob sie in allen Fällen angewandt werden darf. Gesetzeslücken stellen ergänzungsbedürftige Unvollständigkeiten im Gesetz dar. Lücken im Gesetz können verschiedene Ursachen haben. So hat der historische Gesetzgeber in Einzelfällen bewusst auf eine Regelung verzichtet, weil er es Wissenschaft und Praxis überlassen wollte, sachgerechte Lösungen zu finden. Das sind die **bewussten Lücken** wie beim Streikrecht im Arbeitsrecht. Häufiger treten **unbewusste Lücken** auf. Ihre Ursache kann darin liegen, dass der Gesetzgeber die Problematik im Zeitpunkt des Gesetzeserlasses nicht vollständig erfasste oder weil die regelungsbedürftige Problematik erst nachträglich durch Änderungen der tatsächlichen Gegebenheiten oder der Wertordnung entstand. Nicht alle regelungsbedürftigen Sachverhalte werden von vornherein erkannt oder diese treten erst später auf.

Die Praxis hat mehrere anerkannte Methoden zur Schließung von Gesetzeslücken geschaffen wie
– Analogieschluss
– Umkehrschluss
– Teleologische Reduktion oder
– Rechtsergänzung.
Deren Voraussetzungen und Anwendungsbereich und vor allem deren Grenzen werden im Folgenden dargestellt.

---

123   BVerfGE 34 S. 269, 286; BAGE 48 S. 122, 137.
124   BGH NJW 2005 S. 3498 f.; Reimer (2020) S. 251, 253.

11.1.2.1.1. Analogieschluss

Beim Analogieschluss werden Rechtssätze, die für andere Sachverhalte geschaffen wurden, auf einen Sachverhalt übertragen, der zwar im Recht keine Regelung gefunden hat, wegen seiner Rechtsähnlichkeit und Wesensähnlichkeit jedoch derselben Regelung zugänglich ist. Die Analogie greift bei einer Regelungslücke im Gesetz ein und bei einer Wesensähnlichkeit mit einer gesetzlichen Regelung. Je ähnlicher zwei Sachverhalte sind, je eher ist es gerechtfertigt, sie gleich zu behandeln. Wann eine ausreichende Ähnlichkeit für eine Analogie vorliegt und wann nicht, ist durch Wertentscheidung zu klären. Allgemeingültige, objektive Maßstäbe für diese Wertentscheidung gibt es nicht.

Die Analogie gibt es in der Form der **Gesetzesanalogie** zu einer Rechtsnorm: § 670 BGB. Der Anspruch auf Ersatz der Aufwendungen des Beauftragten gilt analog für den Arbeitnehmer.

Rechtsanalogie aus mehreren Rechtssätzen: §§ 12, 862, 1004 BGB sehen eine Unterlassungsklage bei Störungen des Namensrechts, des Besitzes und des Eigentums vor und werden entsprechend auf alle absoluten Rechte angewandt, bei denen das Gesetz keinen Schutz gegen Störungen vorsieht.

Die Bedeutung der Analogie belegt der Umstand, dass zahlreiche im Wege des Richterrechts zu Gewohnheitsrecht erstarkten Rechtssätze durch Analogie entwickelt wurden. Hat sich Gewohnheitsrecht gebildet, ist nur das geschriebene Recht, nicht aber die Rechtsordnung lückenhaft: Bei Erlass des BGB im Jahr 1896 fehlte es an Regelungen zu vorvertraglichen Pflichtverletzungen. Die Rechtsprechung entwickelte eine Rechtsanalogie zu §§ 122, 179 BGB, die zu (Richter-)Gewohnheitsrecht erstarkte. In Anlehnung an dieses Gewohnheitsrecht fügte der Gesetzgeber im Jahr 2002 den § 311 Abs. 2 BGB ein.

Die Rechtsprechung hat den Grundsatz entwickelt, dass eine Analogie zu Ausnahmevorschriften unzulässig ist.[125] Sie geht von der Überlegung aus, dass Ausnahmevorschriften nur ganz besonders gelagerte Sonderfälle regeln und deshalb grundsätzlich nicht auf andere Sachverhalte übertragbar sind. Dahinter verbirgt sich die Befürchtung, die Ausnahme könne im Wege der Analogie zur Regel werden. Sind jedoch der in der Ausnahmevorschrift geregelte Sonderfall und der nicht geregelte Fall wesensmäßig gleich gelagert, kann trotzdem eine Analogie in Betracht kommen:[126] Widerspruch und Anfechtungsklage haben nach § 80 Abs. 1 VwGO aufschiebende Wirkung. Diese entfällt nach § 80 Abs. 2 GG Nr. 2 VwGO in Fällen unaufschiebbarer Maßnahmen von Polizeivollzugsbeamten. Diese Ausnahmevorschrift kommt analog zur Anwendung auf Anordnungen durch Verkehrszeichen.

Aus dem Analogieschluss wurde der **Erst-Recht-Schluss** entwickelt: Ist die vorsätzliche Beihilfe zum Selbstmord nicht strafbar, dann ist erst recht die fahrlässige Hilfe zum Selbstmord nicht strafbar. Neben dieser ersten Form des Erst-Recht-Schlusses vom Mehr-auf-das-Weniger gibt es noch eine zweite Form vom Weniger-auf-das-Mehr oder anders ausgedrückt vom Kleineren auf das Größere:

---

125   BGH NJW 1989 S. 227. Dem entspricht der Grundsatz, dass Ausnahmevorschriften restriktiv auszulegen sind.
126   BGHZ 130 S. 288, 293; Kohler-Gehrig (2017) S. 95; Zippelius (2021) S. 57 f.

Nach Art. 14 Abs. 3 GG setzt die rechtmäßige Enteignung eine Entschädigung voraus. Dies hat erst recht für einen rechtswidrigen Eingriff zu gelten. Von einer unbedachten Anwendung eines Erst-Recht-Schlusses ist abzuraten, da die Gleichwertigkeit sorgfältig in jedem Einzelfall zu prüfen ist. Ebenso wie der Analogieschluss handelt es sich nicht um ein formallogisches Schlussverfahren, sondern um eine Wertung. Diese setzt eine Gleichwertigkeit des im Gesetz geregelten und des nicht geregelten Sachverhaltes voraus. Diese Gleichwertigkeit muss in jedem Fall erst festgestellt werden. Sie versteht sich nicht von selbst.

11.1.2.1.2. Umkehrschluss

Analogie gilt bei wesensmäßiger Ähnlichkeit. Sie kann nicht bei Andersartigkeit, einem wesensmäßigen Unterschied zwischen einer gesetzlichen Regelung und dem nicht geregelten Sachverhalt zur Anwendung kommen. Sie kann weiter nicht zur Anwendung kommen, wenn einer Regelung die Wertung eigen ist, nur für die von der Regelung erfassten Sachverhalte und nicht darüber hinaus zu gelten. Dies ist ein Anwendungsfall des Umkehrschlusses. Soweit eine Regelung abschließenden Charakter hat, nur die geregelten Fälle erfassen will, verbietet sich eine Analogie. Dem Umkehrschluss liegt die Wertung zugrunde, dass mit der Verknüpfung einer bestimmten Rechtsfolge an einen bestimmten Tatbestand, andere nicht erfasste Tatbestände gerade nicht dieselbe Rechtsfolge erfahren sollen: § 1601 BGB sieht eine Unterhaltspflicht nur unter Verwandten in gerader Linie vor. Daraus kann im Umkehrschluss hergeleitet werden, dass Verwandte in der Seitenlinie gerade nicht zum Unterhalt verpflichtet sein sollen. Die Regelung ist ganz bewusst ausschließlicher Natur. Die Heranziehung anderer Verwandter zu Unterhaltszahlungen ist nicht gewollt. Diese gewollte Beschränkung, die ausdrückliche Abgrenzung des Regelungsbereiches steht einer Erweiterung im Wege der Analogie entgegen.

Analogie gilt bei wesensmäßiger Ähnlichkeit, der Umkehrschluss bei Andersartigkeit. Dort wo die Ähnlichkeit aufhört, wo ein wesentlicher Unterschied auftritt, hat die Analogie ihre Grenze und es kommt der Umkehrschluss in Betracht. Der Umkehrschluss führt nicht zu neuen Rechtssätzen und zählt damit streng genommen nicht zur Rechtsfortbildung. Der Umkehrschluss zeigt die Grenze der analogen Rechtsfortbildung auf. Der Umkehrschluss beruht auf dem Schluss von der Verschiedenheit der Voraussetzungen auf die Verschiedenheit der Rechtsfolgen. Er geht wie der Analogieschluss von dem Gerechtigkeitsgedanken aus, wonach Gleiches gleich und Ungleiches ungleich zu behandeln ist. Beruht die Analogie auf der Annahme einer Lücke im Gesetz, ergibt der Umkehrschluss, dass eine solche Lücke gerade nicht besteht, das Gesetz abschließend ist: § 578 Abs. 1 und Abs. 2 BGB zählt explizit die Vorschriften aus dem Recht der Wohnraummiete auf, die auch für Gewerberäume gelten sollen. § 577a BGB *Kündigungsbeschränkung bei Wohnungsumwandlung* ist nicht aufgeführt und kann nicht analog herangezogen werden.

11.1.2.1.3. Teleologische Reduktion

Bei der teleologischen Reduktion wird ein Lebenssachverhalt, der vom Wortlaut einer Norm erfasst wird, gleichwohl nicht dem Regelungsbereich der Norm untergeordnet. Die teleologische Reduktion bezeichnet eine Tatbestandseinengung, ein Zurückbleiben des Regelungsbereiches hinter dem Wortlaut. Zur te-

leologischen Reduktion wird gegriffen, wenn das Gesetz die wertungsmäßigen Differenzierungen nicht vornimmt, der Tatbestand zu weit gefasst ist und die erforderlichen Einschränkungen nicht gegeben sind. Deshalb muss die in ihrem Wortlaut zu weit gefasste Norm eingeschränkt werden:[127] § 139 BGB bestimmt: *Ist ein Teil eines Rechtsgeschäfts nichtig, so ist das ganze Rechtsgeschäft nichtig, wenn nicht anzunehmen ist, dass es auch ohne den nichtigen Teil vorgenommen sein würde.*
§ 139 BGB will der Entschließungsfreiheit der Vertragsparteien Rechnung tragen, die den Vertrag ohne die besagte Klausel wohl nicht abgeschlossen hätten. Die Vorschrift wird nicht auf Arbeits- und Mietverträge angewandt, in denen Schutzgesetze zu Lasten des Mieters bzw. Arbeitnehmers durch Vertragsklauseln umgangen werden sollen. Diese Vertragsklauseln sind nach § 134 BGB nichtig. Aus der Nichtigkeit dieser Vertragsklauseln würde weiter nach § 139 BGB die Nichtigkeit des Gesamtvertrages folgen, denn ohne die nichtige Klausel hätte der Vermieter bzw. Arbeitgeber den Vertrag nicht abgeschlossen. Dieses Ergebnis würde den sozial schwächeren Mieter bzw. Arbeitnehmer aller Vorteile aus dem Vertrag berauben. Er hätte keine Mietwohnung bzw. kein Arbeitsverhältnis zur Existenzsicherung. Der Schutzzweck der umgangenen Schutzvorschriften, die den sozial Schwächeren schützen wollen, würden in ihr Gegenteil verkehrt werden, wenn der gesamte Vertrag nichtig wäre. Deshalb ist der Vertrag entgegen § 139 BGB wirksam. Nichtig ist nur die Klausel über die Umgehung der Schutzvorschrift.
Mit der teleologischen Reduktion wird wie bei der Analogie eine Lücke im Gesetz geschlossen. Die Lücke besteht in fehlenden Einschränkungen, Differenzierungen des Gesetzes, die im Wege der Rechtsfortbildung eingefügt werden. Die teleologische Reduktion ähnelt der restriktiven Auslegung. Die restriktive Auslegung orientiert sich am Wortlaut der Norm. Hingegen verlässt die teleologische Auslegung den Wortlaut.

11.1.2.1.4. Rechtsergänzung

Analogie, Umkehrschluss und teleologische Reduktion beruhen auf der Anknüpfung an gesetzliche Regelungen. Fehlt es an einer solchen konkreten Anknüpfungsmöglichkeit ist für die Lückenschließung auf die Rechtsergänzung zurückzugreifen.
Die Rechtsergänzung greift zur Schließung von Regelungslücken auf die Verfassung zurück, auf allgemeine Rechtsgrundsätze und Rechtsprinzipien. Sie sucht damit wie die Analogie ihre Legitimation im bestehenden Rechtssystem. Greift die Analogie auf ähnlich gelagerte gesetzliche Regelungen zurück, verbleibt für die Rechtsergänzung der Rückgriff auf **allgemeine Rechtsprinzipien** und Werte der Rechtsordnung. Der Übergang zwischen Analogie und Rechtsergänzung ist fließend: Aus Art. 9 Abs. 3 GG und Art. 3 GG wurden wesentliche Grundsätze zum Recht des Arbeitskampfes und der Arbeitskampfparität hergeleitet.
Die Rechtsergänzung fragt wie die teleologische Auslegung nach Regelungsabsicht, Sinn und Zweck des als unvollständig erachteten Gesetzes: Die Einwilligung des Verletzten stellt sowohl im Zivilrecht wie im Strafrecht einen ungeschriebenen Rechtfertigungsgrund bei Körperverletzungen durch ärztliche Heilbehandlung dar. Die Einwilligung verkörpert das allgemeine Rechtsprinzip

---

127   BVerwGE 142, 107, 112; Reimer (2020) S. 275.

der Selbstbestimmung der Person, das in Art. 2 GG seinen Ausdruck gefunden hat. Der Gesetzgeber hat 2013 die Regelung des § 630d BGB geschaffen und dem Rechnung getragen. Zuvor musste der Rechtsgedanke des Art. 2 GG zur Rechtfertigung von Heileingriffen herangezogen werden.

Der Grundsatz der Gewaltenteilung verwehrt eine richterliche Rechtsfortbildung, die sich alleine auf das Ermessen oder Zweckmäßigkeitsgesichtspunkte des Gerichts stützt. Soweit sich die Rechtsfortbildung auf allgemeine Rechtsprinzipien oder die allgemeine Werteordnung stützt, findet sie ihre Rechtfertigung in der Rechtsordnung selbst.

11.1.2.2. Rechtsfortbildung contra legem

Die Rechtsfortbildung contra legem, gegen den Wortlaut des Gesetzes, betrifft die Berichtigung gesetzlich nicht hinreichend geregelter Sachverhalte. Der Rechtsanwender setzt sich über den Wortlaut der Norm hinweg, korrigiert den Wortlaut der Norm. Die Rechtsfortbildung contra legem steht im Spannungsfeld zwischen Rechtssicherheit und Gerechtigkeit: Die Rechtssicherheit gebietet die Bindung an den Wortlaut des Gesetzes. Sie trägt dem in Art. 20 Abs. 3 GG und Art. 97 Abs. 1 GG niedergelegten Grundsatz vom Vorrang des Gesetzes Rechnung, der Bindung der Gerichte an das Gesetz und ihrer besonderen demokratischen Legitimation. Die Gerechtigkeit kann in Ausnahmefällen die Abweichung vom Gesetz gebieten. Eine Abweichung ist anerkannt, wenn eine dringende Notwendigkeit für die Korrektur einer vorhandenen Norm besteht. Ihre Legitimation zur Rechtsfortbildung contra legem entnimmt die Rechtsprechung Art. 20 Abs. 3 GG, der das Recht dem Gesetz gegenüberstellt. Diese Verfassungsnorm gibt zum Ausdruck, dass es eine strikte Gesetzesbindung nicht gibt. Ergeben Gerechtigkeitsüberlegungen eine Notwendigkeit zur Gesetzeskorrektur, so ist eine Rechtsfortbildung contra legem zulässig, soweit Sinn und Zweck des jeweiligen Gesetzes und die Wertordnung des Grundgesetzes gewahrt bleiben: Entgegen dem Wortlaut des § 1004 Abs. 1 S. 2 BGB gilt der Unterlassungsanspruch nicht erst bei weiteren Beeinträchtigungen, sondern schon bei der ersten Beeinträchtigung im Interesse eines effektiven Rechtsschutzes.

Mit der Rechtsfortbildung contra legem dürfen der Gewaltenteilungsgrundsatz und das Rechtsstaatsprinzip nicht in ihr Gegenteil verkehrt werden. Je älter ein Gesetz ist, umso gravierendere Veränderungen in der Rechtswirklichkeit seit Erlass eines Gesetzes erfolgt sind, umso eher besteht die Legitimation zur Rechtsfortbildung contra legem. Das gilt insbesondere für vorkonstitutionelle Gesetze, Gesetze aus der Zeit vor Erlass des Grundgesetzes, denen die Wertungen des späteren Verfassungsgebers noch fremd waren. Der Schutz der Persönlichkeit in Art. 1 und 2 GG hat die Rechtsprechung veranlasst, den Schmerzensgeldanspruch bei Persönlichkeitsverletzungen entgegen dem eindeutigen Wortlaut des § 847 a. F. BGB zu entwickeln. Dem im Jahr 1896 erlassenen BGB war der Schutz der Persönlichkeit noch kein besonderes Anliegen. Diese Sichtweise hat sich im Grundgesetz von 1949 entscheidend geändert. Im Jahr 2002 hat der Gesetzgeber diese Rechtsprechung contra legem in § 253 BGB umgesetzt.

Die Rechtsfortbildung contra legem weist Parallelen zur teleologischen Reduktion auf. Bei der teleologischen Reduktion wird das Gesetz entgegen seinem Wortlaut auf bestimmte Fallgruppen – die die Voraussetzungen der Norm erfüllen – nicht angewandt, weil die Norm nach ihrem Sinn und Zweck für diese

Fallgruppen nicht passt. Der Sinn und Zweck der Norm folgt aus dieser selbst. Die teleologische Reduktion leitet ihre Legitimation aus dem betreffenden Rechtssatz selbst ab. Bei der Rechtsfortbildung contra legem wird der Gesetzeswortlaut verlassen, nicht weil es Sinn und Zweck der Rechtsvorschrift selbst gebieten, sondern weil es die Gerechtigkeit als übergeordnetes Prinzip gebietet. Die Rechtsfortbildung contra legem darf nicht zum Zuge kommen, wenn im Spannungsfeld zwischen Demokratieprinzip, Gewaltenteilungsgrundsatz und Rechtsstaatsprinzip contra Gerechtigkeitsprinzip erstere eindeutigen Vorrang beanspruchen, zumal das Postulat der Gerechtigkeit ein sehr vages und subjektiv belastetes Prinzip ist.

11.1.2.3. Grenzen der Rechtsfortbildung

Die gesetzesergänzende und die gesetzesändernde Rechtsfortbildung erfährt ihre Legitimation aus Art. 20 Abs. 3 GG. Sie greift zur Schaffung neuer Rechtsgrundsätze auf Wertungen des Grundgesetzes zurück. Die Rechtsfortbildung findet ihre Schranke gleichfalls im Grundgesetz: Nach Art. 103 Abs. 2 GG und § 1 StGB, § 3 OWiG kann eine Tat nur bestraft werden, wenn die Strafbarkeit vor Begehung der Tat gesetzlich bestimmt war. Eine Strafbarkeit kann nur aus einem Gesetz folgen. Nur der Gesetzgeber ist zur Schaffung von Strafgesetzen berufen. Eine **Erweiterung der Straftatbestände** im Wege der Rechtsfortbildung ist damit ausgeschlossen. Der mögliche Wortsinn des Gesetzes kennzeichnet die äußerste Grenze zulässiger Interpretation.[128]
Auch im Strafrecht muss sich der Gesetzgeber wegen der Vielgestaltigkeit der zu erfassenden Sachverhalte allgemeiner und abstrakter Strafnormen bedienen. Die Verwendung auslegungsbedürftiger Rechtsbegriffe ist unvermeidbar und mit dem aus dem Rechtsstaatsprinzip abgeleiteten Grundsatz der Bestimmtheit einer Strafnorm vereinbar. Für die Bestimmtheit einer Strafvorschrift ist der Wortlaut entscheidend, den der Adressatenkreis zu erkennen und zu verstehen vermag. Jedermann soll vorhersehen können, welches Handeln mit welcher Strafe bedroht ist, um sein Verhalten entsprechend einrichten zu können.[129] Eine am Wortlaut orientierte Auslegung, einschließlich einer extensiven Auslegung ist zulässig. Eine Erweiterung der Strafbarkeit über den Wortlaut hinaus im Wege der Rechtsfortbildung, sei es mittels Analogie oder Rechtsergänzung, ist verfassungswidrig. Eine extensive Auslegung bis zum äußersten Wortsinn ist noch erlaubt, eine Rechtsfortbildung nicht mehr: Die Auslegung des Begriffs *Eindringen* erlaubt es nicht, nächtliche Störanrufe als Hausfriedensbruch nach § 123 StGB zu erfassen.
Das Analogieverbot sowie das Verbot strafschärfender oder strafbegründender Rechtsfortbildung betrifft nur das materielle Strafrecht, nicht hingegen das formelle Strafverfahrensrecht.
Soweit **freiheitsbeschränkende Maßnahmen** ein förmliches Gesetz erfordern, wie in Art. 104 Abs. 1 GG bestimmt, ist eine Rechtsfortbildung ausgeschlossen. Solche Freiheitsbeschränkungen bleiben dem Gesetzgeber vorbehalten.
Die Rechtsfortbildung ist zudem im Bereich der **Eingriffsverwaltung** aufgrund des Vorbehalts des Gesetzes für belastende Verwaltungsakte, wie es in Art. 2

---

128   BVerfGE 71 S. 108, 115; 92 S. 1, 12.
129   BVerfGE 88 S. 203, 302.

Abs. 2 S. 2 GG zum Ausdruck kommt, und aufgrund des rechtsstaatlichen Bestimmtheitsgebots des Art. 20 GG eingeschränkt. Der Vorbehalt des Gesetzes gilt nicht für das Verwaltungsverfahrens- und das Verwaltungsprozessrecht.

> Keine Erweiterung von Straftatbeständen im Wege der Rechtsfortbildung.
> Keine Erweiterung von Freiheitsbeschränkungen bei Gesetzesvorbehalt.
> Keine Erweiterung von belastenden Maßnahmen im Verwaltungsrecht im Wege der Rechtsfortbildung.

11.2. Empirische Studien

Die Untersuchung juristischer Fragestellungen kann die **Rechtstatsachenforschung** einbeziehen: Zivilrechtliche Generalklauseln wie §§ 151, 157, 242 BGB verwenden den Begriff der *Verkehrssitte*. Die Rechtstatsachenforschung will subjektives Alltagswissen und behauptete Lebenserfahrung auf den Prüfstand stellen und mittels empirischer Erhebungen auf ihre Gültigkeit hinterfragen.[130]
Mittels empirischer Erhebungen erforscht die Rechtstatsachenforschung die einschlägigen Sitten in den beteiligten Verkehrskreisen. Die Rechtstatsachenforschung hat sich die Erforschung von Akzeptanz und Effektivität von Verfahren und Recht zum Ziel gesetzt. Ein von Vertretern der Rechtssoziologie angestrebtes Ziel ist die Legitimität durch Verfahren.[131] Ein anderes Feld ist die Frage, welchen Beitrag Recht zur Lösung sozialer Probleme, zur Veränderung sozialer Verhältnisse zu leisten vermag.[132] Es gibt zahlreiche Möglichkeiten für die Anwendung der Rechtstatsachenforschung:[133] Die Untersuchung kann sich erstrecken auf die Problematik, wieweit Rechtsnormen den Normadressaten bekannt sind. Sie kann den weitergehenden Gesichtspunkt erfassen, ob die Normadressaten die Rechtsnormen verstehen und schließlich, wieweit diese befolgt werden. Die Ordnungsfunktion des Rechts kann nur zur Wirkung gelangen, wenn Rechtsnormen ihre Adressaten erreichen können, verstanden und befolgt werden. Formale Kenntnis einer Rechtsnorm genügt nicht, wie gerade Verhalten im Straßenverkehr belegt.
Die Rechtssoziologie geht der Frage nach, ob die Normadressaten die Rechtsnormen akzeptieren und befolgen. Akzeptanz vermag die Integrations- und Bindungskraft des Rechts zu steigern. Staatliche Prävention, Kontrolle und Sanktion reduzieren sich auf ein Minimum bei Rechtsnormen, die von der Bevölkerung freiwillig befolgt werden. Die Akzeptanz des Rechts ist die „halbe Polizei".
Untersuchungsgegenstand kann sein, ob Rechtsnormen die ihnen zugedachte Steuerungsleistung erfüllen und welche Mechanismen diese Steuerungsleistung verstärken können oder ihr abträglich sind: Die Steuerung durch Gebote und Verbote in der StVO folgt anderen Mechanismen wie bei Steuererleichterungen.

---

130   Diekmann (2018) S. 24; Raiser (2013) S. 17.
131   Raiser (2013) S. 216 ff.
132   Diekmann (2018) S. 25; Raiser (2013) S. 11.
133   Raiser (2013) S. 17 ff. mit Beispielen.

Es wird die Praktikabilität von Rechtsnormen und Verwaltungsvorschriften hinterfragt. Manch bewährte Rechtstradition und Verwaltungspraxis sind im Laufe der Zeit, in Anbetracht neuer Rahmenbedingungen auf den Prüfstand zu stellen: So erspart die Einführung von Pauschalen im Steuerrecht dem Steuerzahler und der Verwaltung einen unverhältnismäßigen Aufwand an Nachweisführung und Einzelabrechnung.

Zunehmend werden die Kundenorientierung und der Dienstleistungscharakter zum Maßstab des Verwaltungshandelns gemacht. Dies erfordert eine Neukonzeption des Verwaltungshandelns. Es erfordert zunehmend eine Abstimmung auf die Erwartung und das Verhalten der Kunden. Diese Erwartungen müssen erfragt und das Verhalten beobachtet werden.

Eine wissenschaftliche Arbeit kann untersuchen, ob Rechtsänderungen erforderlich sind und wie diese Rechtsänderungen aussehen können. Hieran kann sich die Frage anschließen, welche Konsequenzen Rechtsänderungen auszulösen vermögen. Zweckgerichtete Maßnahmen sind zu entwickeln, um die Notwendigkeit einer bevorstehenden Rechtsänderung im Bewusstsein der Bevölkerung zu verankern: So wurde die Einführung der Gurtanlegepflicht durch eine breit angelegte Informationskampagne begleitet.

Es ist dem Phänomen nachzugehen, warum die Praxis einheitlich formulierte Rechtsvorschriften und Verwaltungsbestimmungen gleichwohl unterschiedlich anwendet. Es ist zu klären, ob eine solch unterschiedliche Anwendung mit dem Gleichheitsgebot und dem Rechtsbewusstsein der Bevölkerung vereinbar ist.

Zur Rechtstatsachenforschung können die Methoden der Empirischen Sozialforschung eingesetzt werden. Es stehen Maßnahmen der Primärerhebung und der Sekundäranalyse zur Auswahl.

Primärerhebungen decken den Informationsbedarf durch eigene Erhebungen ab. Sie können auf den eigenen Informationsbedarf abgestimmt werden. Aus Zeitgründen sind Primärerhebungen bei einer Seminararbeit regelmäßig ausgeschlossen.

Sekundäranalysen begnügen sich mit der Beschaffung, Zusammenstellung und Auswertung bereits vorhandenen Materials. Aus den vorhandenen Untersuchungen sollen weitere Anhaltspunkte und Ergebnisse für die eigene Fragestellung hergeleitet werden. Der Kosten- und Zeitaufwand halten sich in Grenzen. Die vorgefundenen Daten decken nicht immer den Informationsbedarf und das Ziel der eigenen Fragestellung ab.

Es kommen zur Rechtstatsachenforschung verschiedene Arten empirischer Erhebungen in Betracht:

Es kann die Datengewinnung durch strukturierte **Umfragen** mit Fragebogen erfolgen wie es im gewerblichen Rechtsschutz, Wettbewerbs- und Warenzeichenrecht Usus ist.[134] Die Demoskopie liefert Erkenntnismittel über fest verankerte Sitten und Gebräuche, wie Anstands- und Verhaltensregeln im menschlichen Zusammenleben.[135] Solche ungeschriebenen Gesetze können als Instrument sozialer Kontrolle zur gesellschaftlichen Integration beitragen und das Funktionieren der Rechtsordnung verstärken aber auch schwächen. Der Fragebogen und die Gesamtauswertung sind in den Anhang aufzunehmen. Die einzelnen Fragen

---

134   Raiser (2013) S. 20; ein Prestest darf nicht vergessen werden.
135   Raiser (2013) S. 15, 21.

aus dem Fragebogen, die hierzu erlangten Ergebnisse und die daraus hergeleiteten Schlussfolgerungen sind im Textteil zusammenhängend zu erörtern. In den Fußnoten ist auf die Dokumente im Anhang zu verweisen.
Es können auch Befragungen in der Form von **Experteninterviews** durchgeführt werden. Sie eignen sich für die Erfassung besonderer Kompetenz oder spezifischen Wissens, das nicht allgemein zugänglich ist. Angaben zu der befragten Person, deren Funktion und das Datum der Befragung sowie ein Protokoll der wichtigsten Fragen und Antworten sind in den Anhang aufzunehmen. Das Protokoll ist vom Experten freizugeben.[136]
Dokumentenanalysen aus Akten und Registern geben Auskunft über den Istzustand von Verfahren und die Wirksamkeit von Gesetzen. Sie geben Auskunft darüber, welche Faktoren den Ablauf und die Dauer eines Verfahrens beeinflussen können: Bei Untersuchungen zur Prozessflut bei Zivilgerichten wurden Akten und Register repräsentativ herangezogener Gerichte ausgewertet. Ausgangspunkt der Untersuchung waren verschiedene Hypothesen zu den Ursachen der Prozessflut.[137] Aktenanalysen gaben Auskunft über die Effizienz des besonderen Kündigungsschutzes für Schwerbehinderte.[138]
Beobachtungen umfassen die Fremdbeobachtung, auch Verhaltensbeobachtung genannt und die Eigenbeobachtung: Beobachtung des Fahrverhaltens nach Alkoholkonsum. Einfluss der Medien auf die Entscheidungen der Justiz. Mediation bei Streitigkeiten über das Sorge- und Umgangsrecht. Beobachtung abweichenden kriminellen Verhaltens.
Soziometrische Befragungen und Beobachtungen zur Messung zwischenmenschlicher Präferenzbeziehungen wie Anziehung und Ablehnung können bei der Personalplanung vorteilhaft sein.
Vergleiche unterschiedlicher Verwaltungsstrukturen können Anhaltspunkte über die Effizienz des Verwaltungshandelns liefern. Organigramme und Ablaufpläne erschließen die Vergleichbarkeit.
Die Datenanalyse von Statistiken und demoskopischen Untersuchungen vermag Ursachen aufzuspüren und Entwicklungen absehbar zu machen: Statistiken lieferten die Grundlage für die Untersuchung einer vermuteten Korrelation zwischen der Zunahme der Zahl der Rechtsschutzversicherten und des Verfahrensanstiegs bei Zivil- und Arbeitsgerichten.
Hochrechnungen aus repräsentativen Stichprobenerhebungen finden bei Wahlprognosen Anwendung.
Es kann genügen, sich bei der Tatsachenforschung auf eine Methode zu beschränken. Es können zur Vertiefung und Verbreiterung des Datenmaterials mehrere Methoden nebeneinander angewandt werden. Ergebnisse aus Interviews können durch Fragebogenerhebungen eine breitere Datenbasis erhalten und verifiziert werden. Aktenanalysen können die Grundlage für die Erstellung von Fragebögen schaffen, die eine zielgerichtete Befragung und Datenerhebung gestatten.
Für einzelne Arten der Primärerhebung wie Fragenbogenumfragen mangelt es oftmals an Zeit und Geld sowie an den erforderlichen Kenntnissen zur Erhe-

---

136   Brink (2013) S. 121; Prexl (2019) S. 187 sog. Transkript.
137   Pflüger (1998) S. 563 f.
138   Jopen (1998) S. 205 ff.

bungstechnik, zum Gegenstand der Erhebung und der Zielgruppe sowie den Anforderungen an die Auswertung. Gleichwohl bleibt die Möglichkeit einer Sekundäranalyse, bei der bereits vorliegende Untersuchungen unter neuen Gesichtspunkten ausgewertet werden. So können Daten der Marktforschung für innerbetriebliche Analysen andernorts verwendet werden.

Werden empirische Studien gefertigt, ist das methodische Vorgehen zu erläutern. Es ist die Konzeption der Erhebung sowie deren Auswertung darzulegen. Die Auswertung und die daraus gezogenen Schlussfolgerungen sind schlüssig darzulegen. Viele Studierende haben die Vorstellung, mit ihrer Arbeit etwas Neues präsentieren zu müssen und verstehen darunter die Erhebung von Meinungen zu aktuellen Zeitfragen und Problemen. Dabei unterschätzen sie leichterdings die Anforderungen, die an eine solche Untersuchung und deren Auswertung nach wissenschaftlichem Standard gestellt werden und den damit einhergehenden zeitlichen Aufwand.

11.3.   Rechtsvergleichung

Wichtige Erkenntnisse für Alternativen zum bestehenden Recht, anstehende Rechtsänderungen und zur Steigerung der Effektivität des Rechts lassen sich der Rechtsvergleichung entnehmen. Sie kann Erkenntnisquelle sein und zur Rationalitätssteigerung beitragen.[139] Sie öffnet den Blick für die Vielfalt menschlicher Kultur und die gesellschaftliche Funktion des Rechts. Sie setzt nicht nur Kenntnisse im eigenen Recht voraus, sondern auch Kenntnisse fremder Rechtsordnungen, fremder Sozialstrukturen und Sozialpolitik sowie Methodenunterschiede und Sprachkenntnisse.

Die Rechtsvergleichung fordert zu **globalem** statt zu nationalem **Denken** heraus. Sie sieht den Zweck des Rechts nicht in der Wahrung der bestehenden Rechtsordnung, sondern sucht Verbesserungen in der Zukunft und Anpassung an die sich ständig ändernden gesellschaftlichen und wirtschaftlichen Anforderungen an das Recht. Sie kann einen Beitrag zur **Rechtsvereinheitlichung** leisten, in dem sie nach Regeln sucht, die über das nationale Recht hinaus Geltung beanspruchen.[140]

Ständig wachsende Mobilität in allen Lebensbereichen, die Öffnung der Grenzen für den Warenverkehr und internationale Verflechtungen fordern, über nationale Grenzen hinaus zu sehen. Ähnliche Situationen und Problemlagen haben in verschiedenen Staaten verschiedene Lösungen gefunden. Eine jede Lösung hat die ihr eigenen Stärken und Schwächen, Vorteile und Nachteile. Sie haben ihren eigenen geschichtlichen, politischen und sozialen Hintergrund. Der Vergleich dieser **Lösungsalternativen**, der Rechtsgrundlagen und deren Leistungsfähigkeit kann neue Erkenntnisse eröffnen und den Wirkungsgrad der Rechtsordnung erhöhen.

---

139   Reimer (2020) S. 193.
140   Sacco/Rossi (2017) S. 17, 25 f.

Rechtsvergleichung liefert Denkanstöße bei Rechtsänderungen wie auch bei der Rechtsfortbildung durch die Rechtsprechung und Verwaltung bei Lücken im Gesetz. Sie liefert Erkenntnisse darüber,

– welche Regelungen in anderen Ländern effizient sind und
– welche Rahmenbedingungen zur Effizienzsteigerung beitragen
– welche Nebenwirkungen und Begleiterscheinungen sich gezeigt haben
– welche Regelungen in anderen Ländern sich als nachteilig oder nicht prakti-
   kabel erwiesen haben.

So wies die Rechtsvergleichung Wege zur außergerichtlichen Streitbeilegung, zum Täter-Opfer-Ausgleich, beim Verbraucherschutz, zu Verhandlungskonzepten bei Umweltkonflikten sowie Maßnahmen bei häuslicher Gewalt. Der Schmerzensgeldanspruch bei Persönlichkeitsverletzungen fand Denkanstöße durch den Blick auf andere Rechtsordnungen.

Rechtsvergleichung darf sich nicht auf den formalen Vergleich von Rechtsnormen durch Gegenüberstellung derselben beschränken, sondern muss Recht als Instrument sozialen Wandels und als Mittel der sozialen Steuerung in seinem Gesamtzusammenhang umfassend betrachten. Sie fragt nach der wirtschaftlichen und sozialen Funktion einzelner Rechtsnormen und Rechtsinstitute, die Einbindung in die Gesamtrechtsordnung, die Abstimmung von materiellem Recht und formellem Recht und erforscht deren Wirkungsgrad. Rechtsvergleichung setzt voraus, dass dieser Gesamtzusammenhang, die Einbindung in die jeweilige Gesellschaft und Rechtsordnung in die Untersuchung einbezogen wird. Es genügt nicht die isolierte Untersuchung einzelner Vorschriften.

12. Das Korrekturlesen

Stehen der Inhalt sowie der Aufbau der Arbeit endgültig fest und liegen alle Teile der Arbeit vor, ist Korrektur zu lesen. Das Korrekturlesen sollte unter verschiedenen Gesichtspunkten erfolgen, wie
- Inhalt
- Sprache
- Fußnoten
- Gestaltung.

Für jeden der Gesichtspunkte ist im Grunde genommen ein besonderer Korrekturgang notwendig. Gleichwohl wird dem aus Zeitgründen selten Rechnung getragen. Die erforderliche Zeit für die verschiedenen Korrekturgänge ist nicht zu unterschätzen.

Es empfiehlt sich, andere Personen in das Korrekturlesen einzubeziehen. Wer monatelang an einer wissenschaftlichen Arbeit „gefeilt" hat, neigt zur Systemblindheit. Wer alles bis ins feinste Detail durchdacht hat, kann sich kaum mehr in einen Leser hineinversetzen, der mit den Zusammenhängen, Formulierungen und den damit verbundenen Vorstellungen bei weitem nicht so vertraut ist und manches ganz anders versteht oder den ausgeklügelten Gedankengängen nicht mehr zu folgen vermag. Ein unbefangener Leser kann auf Verständnisprobleme hinweisen. Weiter darf die Hilfestellung nicht gehen.

Es ist mit der Überarbeitung des Inhalts zu beginnen. Es ist darauf zu achten, dass ein logischer Aufbau gewählt wurde. Der Aufbau muss die Entwicklung der Gedanken fördern und unterstützen und dem Verständnis dienen. Ein besonderes Augenmerk ist darauf zu richten, ob die Arbeit in sich widerspruchsfrei ist.

Es ist darauf zu achten, dass unnötig breite Ausführungen und Wiederholungen vermieden werden. Wiederholungen legen die Vermutungen nahe, dass Aufbau und Gliederung nicht sachgerecht gewählt wurden.

Die Gliederung muss den Inhalt der Arbeit und die Zusammenhänge widerspiegeln. Es ist auf prägnante Überschriften zu achten.

Steht der Inhalt fest, kann sich die Überarbeitung der Sprache anschließen. Die Sprache muss flüssig sein. Monotone Wiederholungen von Worten oder ganzen Satzpassagen sind durch abweichende Formulierungen zu ersetzen. Gleichzeitig ist die Arbeit auf Tipp- und Rechtschreibfehler durchzusehen. Die Rechtschreibprüfung am Rechner vermag wichtige Hilfestellungen zu geben. Sie ist jedoch nicht vollkommen. Gerade absurde und sinnentstellende Fehler werden nicht angezeigt. Fehler in Rechtschreibung und Interpunktion legen Flüchtigkeit nahe.

Überlange Sätze und Schachtelsätze sind aufzulösen. Bei Sätzen über mehr als drei Zeilen erscheint eine Auflösung fast zwingend erforderlich. Dasselbe gilt für unklare Bezüge, unklare Zusammenhänge.

Es hat die Korrektur der Fußnoten zu folgen. Die Angaben zur Fundstelle müssen vollständig sein. Die einmal gewählte Reihenfolge zwischen Rechtsprechung, Kommentaren und anderen Quellen ist durchgehend einzuhalten. Die Hierarchie und Chronologie der Rechtsprechungszitate sind herzustellen. Auf

eine angemessene Gewichtung der Belege ist zu achten. Die Voll- und Kurzbelege sind auf Vollständigkeit und Einheitlichkeit zu überprüfen.
Die Gestaltung der Arbeit ist darauf durchzusehen, ob sie einheitlich, optisch ansprechend und gemäß den Formvorschriften der Hochschule durchgeführt wurde. Überschriften oder einzelne Zeilen am Seitenende sind auf die nächste Seite zu übertragen.

13. Die Bewertung einer wissenschaftlichen Arbeit

Nicht erst wenn Studierende ihr Manuskript in seiner endgültigen und vollständigen Fassung fertig stellen, sollten sie überdenken, ob ihre Arbeit allen Bewertungsmaßstäben genügt, die an eine wissenschaftliche Arbeit gestellt werden. Es ist ratsam diese Bewertungskriterien bereits bei der Themenwahl, der Konkretisierung der Forschungsfrage und dem Einstieg in die Arbeit zu berücksichtigen. Die Bewertung einer wissenschaftlichen Arbeit erfolgt sowohl nach inhaltlichen wie nach formalen Gesichtspunkten. Es gibt keinen für alle Fälle gültigen Katalog an Bewertungskriterien und noch weniger lässt sich eine allgemeingültige Aussage über die Wertung der einzelnen Gesichtspunkte anstellen. Folgende Gesichtspunkte sind in jedem Fall zu beachten:[141]

Schwierigkeitsgrad
Der Schwierigkeitsgrad bestimmt sich nach der Komplexität des Themas und dem Umfang der spezifischen Literatur, die zu dem Thema vorhanden ist. Zu manchen Themen gibt es eine Fülle an Literatur, die ausgewertet werden muss. Es kommt auf die sorgfältige Recherche und gelungene Darstellung an. Es ist wichtig, Unterschiede der vertretenen Meinungen und deren Begründung herauszuarbeiten. Zu anderen Themen gibt es kaum Literatur. Die rechtliche Problematik muss eigenständig mit den Mitteln der Methodenlehre erarbeitet werden. Der Verfasser hat selbstständiges Denken unter Beweis zu stellen.

Forschungsfrage/Erkenntnisleitendes Interesse
Das erkenntnisleitende Interesse, die Forschungsfrage ist zu Beginn der Arbeit aufzuzeigen und muss sich als roter Faden durch die Arbeit ziehen.

Grad der Themenerfüllung
Hierin geht ein, ob der Verfasser die Schwerpunkte der Themenstellung und der Forschungsfrage herausgearbeitet und vertieft behandelt hat. Besonders die Einleitung muss deutlich machen, was Gegenstand der Untersuchung ist. Nur was zum Thema gehört und zu seiner Ausarbeitung beiträgt, ist in der Arbeit abzuhandeln.

Forschungsgrad
Es wird berücksichtigt, wie umfassend der Bearbeiter die einschlägige Literatur zu dem bearbeiteten Thema einbezogen und wie er die Erkenntnisse aus dem Literaturstudium in eigenständige Überlegungen umgesetzt hat. Hinzu können eigene Erhebungen zu empirischen Fragestellungen kommen.

---

141 Bänsch/Alewell (2020) S. 125 ff.; Lehmann (2019) S. 172 ff.; Karmasin/Ribing (2019) S. 44 ff.; Schenk (2005) S. 184 ff.; Schlichte/Sievers (2015) S. 173 ff.

Begriffsklarheit
Begriffe müssen durchgehend einheitlich verwendet werden. Thementragende und zentrale Begriffe müssen definiert werden. Bei Übernahme fremder Literatur ist darauf zu achten, ob Begriffe im selben Sinne verwendet werden.

Begründungstiefe
Negativ bewertet wird, wenn Behauptungen, Ansichten und Meinungen ungeprüft übernommen werden. Diese sind auf ihre Schlüssigkeit und Überzeugungskraft hin zu überprüfen. Eine herrschende Meinung oder eine ständige Verwaltungspraxis sind auf ihre Stichhaltigkeit und Zwangsläufigkeit zu hinterfragen.

Methodik
Die Arbeit belegt das Vermögen, mit den in den jeweiligen Fachgebieten anerkannten Methoden und Arbeitstechniken umzugehen und diese adäquat anzuwenden.

Intersubjektivität
Die Darstellung muss verständlich und nachvollziehbar sein. Die Erkenntnisse müssen der Kontrolle durch andere zugänglich sein.

Gliederung und Inhalt
Inhalt und Gliederung müssen einander korrespondieren. Die Gliederung muss klar und ausgewogen sein. Die Ausarbeitung des Themas muss sich in der Gliederung widerspiegeln.

Gewichtung
Es sind nur zu solchen Fragen Erörterungen anzustellen, auf die es im konkreten Zusammenhang ankommt, die für die Darstellung des Themas relevant sind. Randprobleme dürfen keinen breiten Raum einnehmen.

Umfang
Vorgaben der Hochschule zum Umfang der Arbeit sind einzuhalten. Nicht nur der Gesamtumfang ist erheblich. Auch bei der Abfassung einzelner Gliederungspunkte muss deren Umfang in angemessenem Verhältnis zur inhaltlichen Bedeutung innerhalb der gesamten Arbeit stehen.

Zusammenhängende Darstellung
Die einzelnen Teile der Arbeit müssen aufeinander aufbauen. Es muss ein innerer Zusammenhang zwischen ihnen bestehen. Sind Zusammenhänge nicht ohne Weiteres erkennbar, ist der Zusammenhang aufzuzeigen.

Sprache
Die Arbeit muss sprachlich klar und verständlich abgefasst sein. Rechtschreibung, Interpunktion und Ausdruck müssen stimmen.

Zitierweise
Es ist auf die Qualität, Aktualität und einen angemessenen Umfang des Literaturverzeichnisses zu achten. Die Technik des wissenschaftlichen Arbeitens im Fußnotenapparat wird gewürdigt.

Originalität und Selbstständigkeit
Eigene Gedankenführung, eigenständige Argumentation und Würdigung fremder Argumente sowie eine individuelle und angemessene Ausdrucks- und Betrachtungsweise zeichnen eine selbstständige wissenschaftliche Leistung aus.

Visualisierung
Diagramme und Tabellen erlauben Zusammenhänge und Zahlenwerke übersichtlich darzustellen. Schaubilder und Ablaufpläne veranschaulichen Zusammenhänge, Abläufe und Verfahren. Organigramme machen Strukturen verständlich.

Innovation
Die Arbeit zeigt neue Strukturen und Zusammenhänge auf, beleuchtet das Problem aus einem neuen Blickwinkel oder führt zu neuen Ergebnissen.[142]

Nützlichkeit
Die Arbeit und ihre Erkenntnisse erweitern den bisherigen Erkenntnisstand und sind für die Praxis von Nutzen.

---

142   Dieses Kriterium kommt bei einer Seminararbeit kaum zur Anwendung.

14. Präsentation

Bei Seminar- und Abschlussarbeiten wird regelmäßig eine Präsentation der Arbeit vor einem Gremium und Diskussion der Arbeit mit diesem Gremium verlangt. Es ist unumgänglich im Vorfeld zu erfragen, welcher Zeitrahmen die Studienordnung oder die Gutachter hierfür einräumen und ob Medieneinsatz und welche Medien verwendet werden können.

Das Ziel jeder Präsentation ist es, Fachwissen einem interessierten Publikum in überschaubarer Zeit verständlich zu vermitteln. Dazu gehört es, dass der Kontakt zum Publikum hergestellt wird und auf dieser Schiene das Interesse am Vortrag geweckt wird.

Der Vortrag verläuft in der Regel in folgenden Schritten:[143]

Phase 1	Phase 2	Phase 3
Einleitung	Hauptteil	Schluss
Begrüßung	Vorgehensweise	Zusammenfassung
Vorstellung	Kernaussagen	Ausblick
Thema	Ergebnisse	Überleitung zu
Forschungsfrage	Überleitung zu	Diskussion
	Phase 3	Schlusswort

Die zeitliche Vorgabe und die Aufnahmefähigkeit des Publikums verbieten es, das in der schriftlichen Arbeit Dargestellte 1 : 1 in den Vortrag aufzunehmen. Nur die wesentlichen Gedanken und Schritte der schriftlichen Ausarbeitung sind im Vortrag zu erläutern, die den Weg von der Fragestellung zum Ergebnis der Arbeit markieren. Der Vortrag ist auf diese Kernaussagen zu reduzieren. Inhaltliche Auseinandersetzungen, der Hinweis auf andere Ansichten zu dem Thema, können aufgespart werden für die Diskussion im Anschluss an den Vortrag.

In der Zusammenfassung am Ende des Vortrags ist der Bogen von der Forschungsfrage am Beginn des Vortrags zu den gefundenen Ergebnissen zu schlagen. Dies rundet den Vortrag ab und vermittelt den Eindruck einer abgeschlossenen, in sich geschlossenen Darstellung.

Der Vortrag gibt Aufschlüsse über

- Fachwissen und dem Umgang mit dem Fachwissen
- den sprachlichen Ausdruck und die Präzision der Sprache
- die Kommunikationsfähigkeit.

Die Gutachter sind zugleich Zuhörer und Zuschauer.[144] Schauen und zuhören erfolgen zeitgleich und beeinflussen sich gegenseitig. Mehr noch als das Lesen einer Arbeit, erlaubt das Nebeneinander von Sehen und Hören, das Interesse

---

143   Ähnlich Ebster/Stalzer (2017) S. 142; Theisen (2021) S. 242.
144   Theisen (2021) S. 239.

des Publikums zu wecken. Der Vortrag muss diese Chance nutzen. Zur Präsentation zählt neben dem Sachvortrag
- die Sprache und Sprechweise
- das Auftreten, die Körpersprache wie Gestik und Mimik
- der Blickkontakt.

Mehr noch als in der schriftlichen Ausarbeitung müssen sich die Vortragenden um eine klare Sprache und kurze Sätze bemühen. Schachtelsätze sind für Zuhörer eine Zumutung. Es besteht die Gefahr, dass sie den Zusammenhang verlieren und sich Missverständnisse auftun. Wichtige Passagen im Vortrag, Schlüsselbegriffe sind hervorzuheben. **Sprechpausen** vor und nach wichtigen Bemerkungen heben deren Bedeutung hervor und geben den Zuhörern Gelegenheit, das Gehörte zu verarbeiten.

Nervosität kann dazu führen, dass die Vortragenden schnell sprechen oder der Faden reißt. Schnelles Sprechen ermüdet das Publikum und kann bewirken, dass dieses nicht mehr folgen kann. Sprechpausen tragen dem Aufnahmevermögen des Publikums Rechnung. Sprechpausen können Gesagtes betonen und die einzelnen Abschnitte des Vortrags hervorheben.

Ist der Faden gerissen heißt es, durchzuatmen, den Faden wieder zu suchen. Hilft das alles nichts, sind die Zuhörer zu fragen „Wo bin ich stehen geblieben". Um dies zu vermeiden, können Karteikarten hilfreich sein, die in Stichworten durch den Vortrag führen.

Zu Beginn des Vortrags, sollte geklärt werden, ob **Fragen** während des Vortrags gestellt werden können oder erst im Anschluss an den Vortrag oder im Rahmen der Diskussion. Wer unsicher ist, sollte vermeiden, dass die Zuhörer Zwischenfragen stellen. Das Publikum ist zu bitten, erst am Ende des Vortrags Fragen zu stellen. Zwischenfragen können die Vortragenden aus dem Konzept bringen, vom Thema wegführen. Souveräner wirkt es, wenn Zwischenfragen zugelassen werden oder gar die Zuhörer durch Rückfragen in den Vortrag eingebunden werden.

Der Vortrag soll die Zuhörer überzeugen. Deshalb muss das Auftreten der Vortragenden überzeugend sein. Das Auftreten soll vermitteln, dass die Vortragenden selber überzeugt sind von dem, was sie erläutern. Wer leise spricht, Worte verschluckt, sich verspricht, auf den Boden schaut, fahrige Bewegungen macht, sich hinterm Rednerpult verschanzt, wirkt unsicher und vermag keinen Kontakt zum Publikum aufzubauen. Kontakt zum Publikum setzt **Blickkontakt** voraus. Deshalb sollte der Vortrag mehrfach vorm Spiegel oder vor anderen Personen geübt werden.

Der Blickkontakt zum Publikum ist zu wahren. Das Publikum ist der Adressat des Vortrags und muss angesprochen werden, sich angesprochen fühlen. Mit Blickkontakt und einem freundlichen Gesichtsausdruck können Redner das Publikum für sich einnehmen. Sie können erkennen, ob das Publikum zuhört und Verständnis signalisiert. Ist dies nicht der Fall, müssen die Vortragenden gegensteuern und selbst das Publikum auffordern mitzuteilen, was Grund der Dissonanz ist. Auf keinen Fall sollten Vortragende dem Publikum den Rücken zuwenden oder nach unten schauen.

Der Vortrag sollte in freier Sprache gehalten und nicht abgelesen werden. Wer frei spricht und nicht aufs Blatt schaut kann den Blickkontakt zum Publikum halten. Das Publikum ist Adressat des Gesagten. Wer vom Blatt abliest, verfällt leichterdings in eine monotone Sprechweise, die das Publikum nicht mitzurei-ßen vermag. Der Vortrag nimmt die Gestalt eines Selbstgespräches an. **Freies Sprechen** vermittelt den Eindruck, dass das Gesagte selbstverständlich ist, von innen kommt. Es wirkt überzeugter und überzeugender.

Verliert der Vortragende den Faden, tritt Hektik auf. Es kann nicht schaden, den Gang des Vortrags in Stichworten auf durchnummerierten Karteikarten zu vermerken. Bei Bedarf kann mit diesen Hilfsmitteln der Faden wieder aufgenommen werden. Die Karteikarten dürfen jedoch nicht dazu führen, dass sich die Vortragenden krampfhaft daran festhalten oder ständig darauf schauen, darüber den Blickkontakt mit dem Publikum verlieren. Besser ist es, die Karteikarten locker in einer Hand fest zu halten und in die Gestik einzubeziehen.

Um in den Vortrag Bewegung zu bringen und das Publikum nicht zu ermüden, sollte der Vortrag durch **Gesten** unterstrichen werden. Gesten können den Vortrag führen. Aufzählungen können mit den Fingern angedeutet werden. Pro- und Contra-Diskussionen können mit Bewegungen der rechten und der linken Hand begleitet werden. Offene Armhaltung demonstriert Offenheit und Souveränität. Wer sich nicht hinter einem Rednerpult versteckt, sondern ein paar Schritte hin und her geht, bringt Bewegung in den Vortrag und beugt Nervosität vor. Solche wohl dosierte Bewegungen wirken gegen Verspannung.

Wer Medien wie Tafel, Flip-Chart, Pinnwand, Overhead-Folien oder eine Computerpräsentation einplant, sollte deren Einsatz vorher ausprobiert haben. Rechtzeitig vor dem Vortrag ist die Ausstattung im Vortragsraum zu überprüfen. Technik hat ihre Tücken: Wer mit Technik arbeiten will und demonstrieren will, diese zu beherrschen, ist dafür verantwortlich, dass diese funktioniert. Es kann nichts schaden, wenn ein zusätzlicher mobiler Overhead-Projektor vorsorglich zur Seite steht und bei Ausfall von Computer, Beamer oder E-Tafel mit einem Satz Overhead-Folien der Vortrag starten kann. Ein zweiter Zeigestift oder Laser-Pointer erspart böse Überraschungen.

Es ist hilfreich für das Publikum und den Vortragenden, den Gang des Vortrags zu Beginn vorzustellen. Dies wird unterstützt, wenn das Thema und die Gliederung des Vortrags auf einem **Übersichtsblatt** am Flip-Chart oder an der Tafel während des Vortrags ständig zur Seite steht. Wer Overhead-Folien oder eine Computerpräsentation verwendet, kann diesen Ablauf in der Kopf- oder Fußzeile der jeweiligen Seite kenntlich machen.[145] Die Schriftgröße auf diesen Seiten sollte mindestens 18 betragen. Der Blick des Publikums auf die Medien darf nicht durch den Körper oder ein Rednerpult verdeckt werden.

An der Tafel, der Pinnwand und am Flip-Chart können die angestellten Überlegungen und Erkenntnisse Schritt für Schritt in Stichworten entwickelt und festgehalten werden. Dies erhöht die Aufmerksamkeit des Publikums und nimmt dieses mit. Dabei ist auf eine angemessene Schriftgröße zu achten. Es ist zu vermeiden, dass dem Publikum zu häufig und zu lange der Rücken zugekehrt wird. Dies kann vermieden werden, wenn die Vortragenden seitlich stehen, von der Seite her schreiben oder vorgeschriebene Pinnkarten anheften. Bei Overhead-Folien kann das Publikum mit einer Abdecktechnik und am Computer

---

145   Ebster/Stalzer (2017) S. 146.

mit einer Einblendtechnik durch den Vortrag geführt werden. Dieses Vorgehen erhöht die Aufmerksamkeit.[146]

Medienverliebtheit und Hang zur Perfektion führen bei manchen Rednern dazu, dass sie ihr Publikum mit einer Vielzahl an Folien und Seiten überhäufen oder zwischen verschiedenen Medien hin und her springen. Weniger ist manchmal mehr. Es besteht die Gefahr, dass das Publikum die Übersicht verliert, das Hin-und-Her Verwirrung stiftet. Der Medieneinsatz ist auf das Notwendige zu reduzieren. Dem Publikum sollte durch einen Fingerzeig auf die Folie oder eine Einblendung am Computer deutlich gemacht werden, auf welchen Teil der Seite sich der Vortrag gerade bezieht und welcher Zusammenhang zwischen den einzelnen Seiten besteht. Auf den Folien und Seiten darf auf keinen Fall mehr stehen, als im Vortrag erläutert wird. Kommt Neues bei Fragen oder in der Diskussion hinzu, dann kann dies in Folien, auf dem Flip-Chart nachträglich hineingeschrieben werden oder es ist ein Stichwort auf einer Karteikarte zu vermerken und an die Tafel oder Pinnwand zu heften.

Auf den Folien und Seiten ist möglichst auf ausformulierten Text zu verzichten, zumeist genügen Stichworte. Aneinandergereihte Stichworte vermitteln Entwicklungsschritte und Zusammengehörigkeit, Gegenüberstellungen können Gegensätze aufzeigen, Grafiken vermitteln Abfolgen und Zusammenhänge.

Der Einsatz von Overhead-Folien und Computer ist nicht bei jedem Vortrag erforderlich und ratsam. An Flip-Chart und Tafel lassen sich Gedankengänge schrittweise in Stichworten entwickeln. Während dem Schreiben haben die Zuhörer Gelegenheit das Gehörte zu rekapitulieren. Längere Texte sollten schon vor dem Vortrag verfasst werden.[147]

Am Ende des Vortrags ist das Ergebnis kurz zusammen zu fassen. Diese Zusammenfassung kann auf einer eigens hierfür vorbereiteten Seite der Präsentation festgehalten werden als Grundlage für Fragen aus dem Publikum und die anschließende Diskussion. Die Zusammenfassung kann nach einer kurzen Sprechpause mit einer Aufforderung verbunden werden, Fragen zu stellen oder in die Diskussion einzutreten. Dem Publikum muss auf jeden Fall deutlich gemacht werden, dass der Vortrag abgeschlossen ist und nun das Publikum zur Mitwirkung aufgefordert ist. Das Ende des Vortrags kann auch durch einen Dank an das Publikum für seine Aufmerksamkeit hervorgehoben werden, woran sich dann die Aufforderung zu Fragen und zur Diskussion anzuschließen hat. Es ist peinlich, wenn der Vortrag endet und keiner weiß, dass dieser zu Ende ist und wie es weitergeht.

Dem Publikum ist durch Blickkontakt und Körperhaltung zu signalisieren, dass ihm für die nächste Phase des Vortrags die volle Aufmerksamkeit gilt, dass es zur Mitwirkung aufgefordert ist. Ein Schritt auf das Publikum zu, eine offene Armhaltung, eine einladende Gestik kommen dem entgegen.

Um die Diskussion vorzubereiten, sollten sich die Vortragenden überlegen, welche Fragen, Anmerkungen und Kritik des Publikums zu erwarten sind. Vorsorglich können sie hierfür bereits weitere erläuternde Folien, Pinnwandkarten, Flip-Chart Seiten bereithalten, die sie bei Bedarf heranziehen. Es sind Hilfsmittel wie Folienstifte, Filzschreiber, Kreide bereit zu halten, um Anmerkungen und

---

146 Rossig (2011) S. 184.
147 Rossig (2011) S. 187.

Anregungen des Publikums an der Tafel, dem Flip-Chart oder den Folien festzuhalten. Wer fragt, der führt. Um in die Diskussion einzusteigen, diese in eine gewünschte Richtung zu lenken, kann eine Frage zur Überleitung vom Vortrag in die Diskussion an das Publikum gestellt werden. Wer selbst solch eine Frage stellt, vermeidet manch unerwartete Fragen aus dem Publikum. Es muss sich um eine konkrete Frage handeln. Eine allgemeine Frage „Was halten Sie von dem Ergebnis" ist nicht zielführend. Eine solch vorbereitete Frage kann obendrein hilfreich sein, wenn das Publikum nicht in die Diskussion einsteigt, diese nur schleppend in Gang kommt oder stockt.

Vortragende befürchten unangenehme Fragen und Fragen, die sie selbst nicht verstehen. Wer eine Frage aus dem Publikum nicht verstanden hat, muss nachfragen, um Wiederholung oder Erläuterung bitten. Wer die Antwort nicht parat hat, gewinnt Zeit, indem die Frage kurz wiederholt wird. Wer die Antwort nicht kennt, sollte dies besser zugeben, als zu stottern, Sinnloses von sich zu geben oder auf ein anderes Feld zu wechseln, um abzulenken.

Kommen keine Beiträge mehr zur Diskussion oder ist die dafür vorgesehene Zeit ausgeschöpft, kann eine kurze Zusammenfassung der Ergebnisse, ein Dankeschön an die Zuhörer das Ende der Fragen- und Diskussionsrunde signalisieren.

Ein **Handout** mit den wichtigsten Seiten, Stichworten, Grafiken und Gegenüberstellungen schadet nicht. Auf diesem können Literaturhinweise festgehalten werden, die im Vortrag nicht unbedingt genannt werden müssen, was einen Zeitgewinn und eine Entlastung des Vortrags bewirkt. Es ist zu überlegen, ob das Handout schon zu Beginn des Vortrags oder erst am Ende ausgeteilt wird. Wird es zu Beginn des Vortrags ausgeteilt, können die Zuhörer während des Vortrags Anmerkungen, Erläuterungen oder Fragen hineinschreiben und sind nicht versucht, damit in den Vortrag hineinzuplatzen. Es kann jedoch dazu führen, dass die Zuhörer abgelenkt sind.

Glossar

Abstract	Kurze Zusammenfassung einer wissenschaftlichen Arbeit
Alert	Informationsdienst über Neuerscheinungen
Analogie	Entsprechende Heranziehung von Normen auf nicht geregelte ähnliche Sachverhalte
argumentum ad absurdum	Schluss vom absurden Ergebnis auf die falsche Auslegung
BASE	Suchmaschine über frei zugängliche Dokumente im Netz
Bibliografie	Verzeichnis des Bestandes an (Fach-)Literatur eines Landes
DBIS	Verzeichnis wissenschaftlicher Datenbanken; Suchmaschine
Dissertation	Doktorarbeit
ECLI, European Case Law Identifier	Ordnungssystem zur Identifizierung der Entscheidungen der Gerichte der Mitgliedsstaaten der Europäischen Union
Exzerpt	Auszugsweise Wiedergabe
gender mainstreaming	Untersuchung auf geschlechtsrelevante Unterschiede
Glossar	Register zu Erläuterungen von Begriffen
<intR>^{2}	Fachinformationsdienst für internationale und interdisziplinäre Rechtsforschung
KrimDOK	Fachinformationsdienst kriminologischer Literatur
Kommentar	Erläuterungswerk zu Gesetzesvorschriften
Konkordanz	Übereinstimmung
Monografie	Darstellung eines Problems in Buchform
OPAC	Online zugänglicher Bibliothekskatalog
Open Access	Freier und kostenloser Zugang zu Materialien im Internet
OPUS	Online Dokumentenserver
Plagiat	Diebstahl geistigen Eigentums
RSS	Informationsdienst über Änderungen auf Seiten im Internet
Synonym	Sinnverwandtes Wort
Uniform Resource Locater	Die Adresse, die den elektronischen Standort eines Dokuments im Internet angibt
Webis	Bietet Informationen über Sammelschwerpunkte an deutschen Bibliotheken
wird-zitiert-Funktion	ermöglicht eine Suche nach aktuellerer Literatur ausgehend von einem Treffer; Link zur Vorwärtssuche
WorldCat	Weltweiter Verbundkatalog
Zitat	Wörtlich oder inhaltlich übernommene Stelle aus einem fremden Text